火花数感分级培养

第四级
20以内数感大贯通

火花思维研发中心 编

清华大学出版社
北京

版权所有，侵权必究。举报：010-62782989，beiqinquan@tup.tsinghua.edu.cn。

图书在版编目（CIP）数据

火花数感分级培养. 第四级：20以内数感大贯通 / 火花思维研发中心编. — 北京：清华大学出版社，2021.1（2024.3重印）

ISBN 978-7-302-56634-2

Ⅰ. ①火… Ⅱ. ①火… Ⅲ. ①数学课 – 学前教育 – 教学参考资料 Ⅳ. ① G613.4

中国版本图书馆 CIP 数据核字 (2020) 第 194263 号

责任编辑：张　宇
封面设计：马术明
责任校对：赵丽敏
责任印制：宋　林

出版发行：清华大学出版社
　　　　网　　址：https://www.tup.com.cn，https://www.wqxuetang.com
　　　　地　　址：北京清华大学学研大厦 A 座　　邮　　编：100084
　　　　社 总 机：010-83470000　　　　　　　　邮　　购：010-62786544
　　　　投稿与读者服务：010-62776969, c-service@tup.tsinghua.edu.cn
　　　　质量反馈：010-62772015, zhiliang@tup.tsinghua.edu.cn
印 装 者：小森印刷（北京）有限公司
经　　销：全国新华书店
开　　本：185mm×260mm　　　　　总 印 张：16　　　　插　页：2
版　　次：2021 年 1 月第 1 版　　　　　　　　　　　印　次：2024 年 3 月第 13 次印刷
定　　价：65.00 元（全三册）

产品编号：089686-02

前 言

> 数感是学习数学和其他学科的重要基础，
> 数感的强弱直接影响孩子的学习质量。

"火花数感分级培养"系列图书致力于培养**2~9岁儿童**的数感，满足从认形、识数到会算、巧算、速算的各阶段需求。从"量、速、法"三个方面训练，用30天**趣味基础**、35天**进阶提升**、35天**巅峰实战**，共用100天培养孩子的数感，提升孩子的运算能力，帮助孩子掌握计算本源，为熟练解决问题夯实基础。

数感能力对标提升，六大优势实力护航

★ 更系统
根据2~9岁年龄段特点划分为7个级别（1~7级），学生按需挑选练习。小学阶段更有巧算和速算丛书额外加持，加、减、乘、除轻松掌握！

★ 更精准
100天计算目标精准拆解，每日训练触手可及，手动记录成长点滴，获得满满的成就感！

★ 更科学
3个阶段难度循序渐进，科学选取每道题目，贴心搭配学习指引，设计目标更清晰。因为科学，所以放心！

★ 更专业
20年计算领域专家经验沉淀，百人教研团队智慧结晶，一线教学老师经验分享。专业团队编写专业书籍！

★ 趣味多
3位原创角色同行，做题不再索然无味，趣味设计激发学习兴趣，爱不释手才能结缘更多题目。亲子趣味小游戏，互动感满满！

★ 小彩蛋
拼图游戏收尾，1本书拼出1个奖励物，每个级别收获1个主题。解锁更多挑战，遇见更多惊喜！

通过坚持训练，可以提升孩子的数感。即刻翻开此书，开始数感进阶之旅吧！

数感培养

什么是数感？

数感是指人们具有对数字之间关联的意识以及灵活解决与数相关问题的能力。孩子具有"数感"的典型特征是其能对遇到的数字模式和计算过程做出归纳，并能将新旧知识融会贯通。

数感培养重要吗？

数感需要花时间和精力培养吗？

非常重要！

培养数感，不仅是在培养孩子对数学的理解力，也是在培养积极的学习态度和信心，对儿童思维的构建有至关重要的影响。

数感是孩子对世界最初级的抽象认识。

生活中该如何进行数感培养？

幼儿阶段是数感培养的关键期。数感比较好的孩子，在认识数字8时，能够理解它既是物体的总数，又是7之后9之前的数字，也可以看作是"4+4""3+5"以及"2+2+2+2"的结果，还可以从多少、大小和其他语言表达中体现出来。这个过程的培养，一定要借助实物，用**看得见**、**摸得着**的事物去感知，感受这些数在生活中的真实存在，理解它们之间的顺序、数量等关系，从而引发思考。幼儿思维启蒙的第一扇窗便由此开启。

小学阶段，在进行诸如"49+57""52-18"运算时，数感好的孩子能够通过观察特征，采用计算**策略**进行快速口算。这种技能的掌握，不是机械记忆，而是基于识"形"。根据不同数对应的**"形"**，由具象到抽象，更深刻地理解数量之间的变化关系。孩子灵活解决问题的能力，直接影响其本身的思维变通性。

鼓励孩子进行心算，观察数字模式，预测计算结果，并巧妙运用数字之间的联系，这是数感培养的方向和目标。

★ 使用说明 ★

为了更好地使用本套丛书，高效提升孩子的数感能力，家长可配合孩子参考如下方式进行系统练习。

★ 练习

用时间见证成长，每日计划练不停。

★ 记录

记录每天用时，坚持自我评价，
培养自我管理能力。

★ 学习指引

家长可按需指导孩子进行启发式训练，
孩子可按照指引自主开展针对性练习。

学习指引：
通过"一一对应"理解一样多，为比较多少奠定基础。

★ 亲子游戏

寓教于乐，互动式学习与实感计算。

★ 拼图游戏

重组所有卡片，召唤神秘惊喜。

目录

一、20以内数的建形 ……………… 1

二、20以内数的分解与组合 …… 5

三、20以内数的不进位加法 …… 8

四、20以内数的不退位减法 …… 12

五、20以内数的进位加法 ……… 20

六、20以内数的退位减法 ……… 38

七、亲子小游戏 …………………… 74

八、拼图游戏 ……………………… 79

九、成长记录 ……………………… 82

十、答案 …………………………… 84

一、20以内数的建形

（一）

1 请你根据格子中 ◯ 的数量，在（ ）里写出对应的数。

第 1 天

示例：

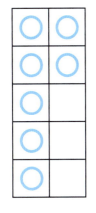

(**7**)

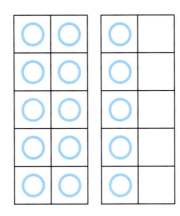

(   )

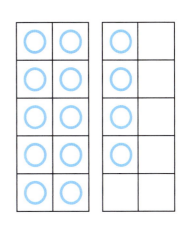

(   )

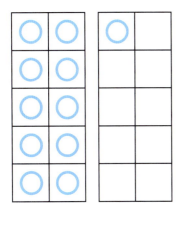

(   )

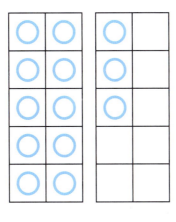

(   )

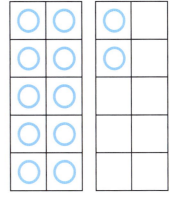

(   )

一、20以内数的建形

第1天

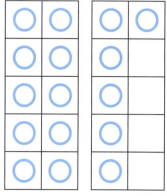

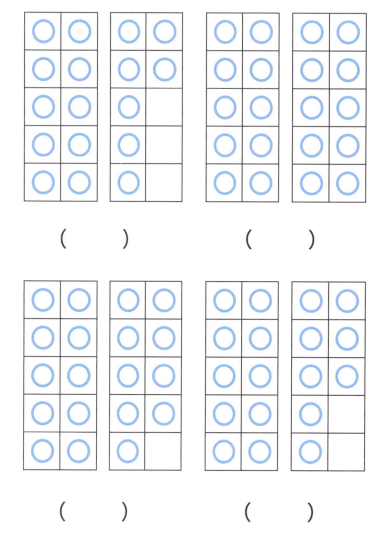

头要正，身必直。
肩齐平，臂张开。
脚着地，姿势好。
眼一尺，手一寸。
胸一拳，标准坐姿要记牢。

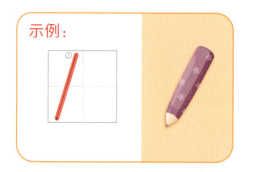 描一描，写一写。

示例：

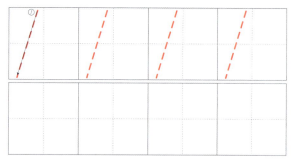

自我评价：   　　用时：_____

（二）

1 请你根据（ ）里的数，在空格中画出缺少的 。

示例：

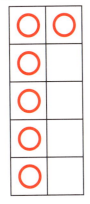

（ 6 ）

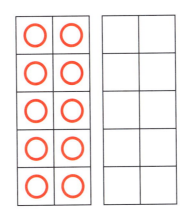

（ 11 ）

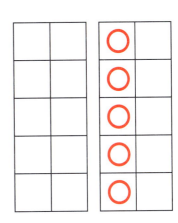

（ 15 ）

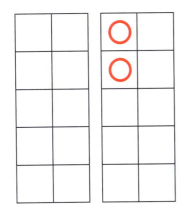

（ 12 ）

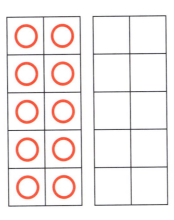

（ 16 ）

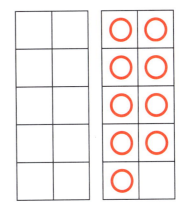

（ 19 ）

一、20以内数的建形

第2天

(13)   (17)   (20)

(14)   (18)

2️⃣ 描一描，写一写。

示例：

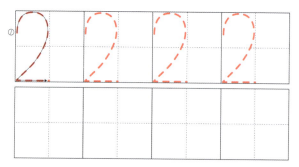

自我评价：   用时：_____

二、20以内数的分解与组合

20 以内数的分解

1 填一填。

2 描一描，写一写。

自我评价：   　　用时：_____

二、20以内数的分解与组合

20以内数的组合

1 填一填。

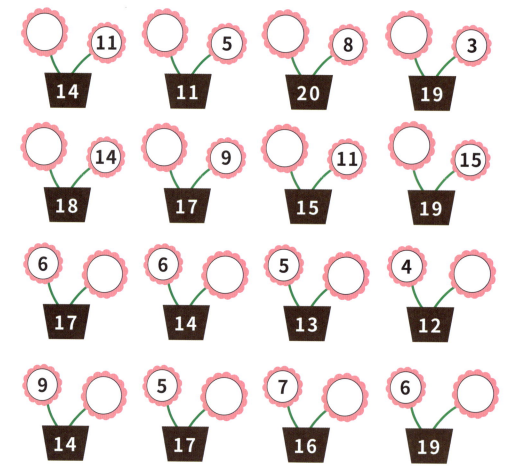

2 描一描，写一写。

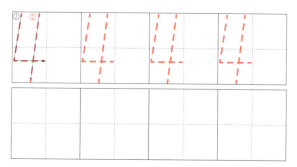

自我评价：  用时：_____

20以内数的分解与组合练习

1 填一填。

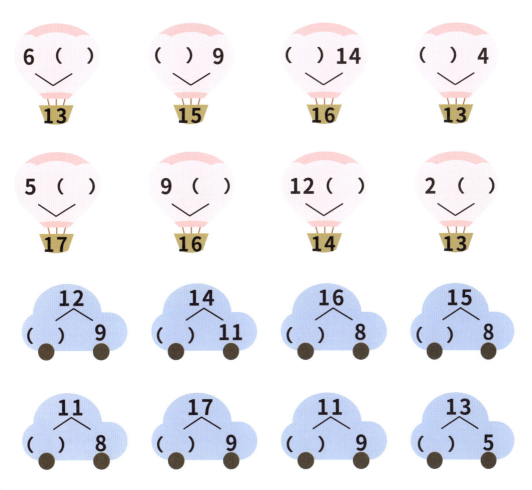

2 描一描,写一写。

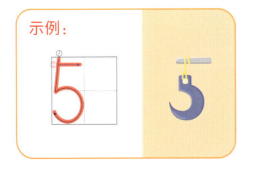

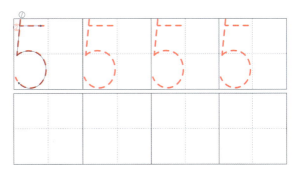

自我评价:

三、20以内数的不进位加法

（一）

1. 画一画，填一填。

示例：

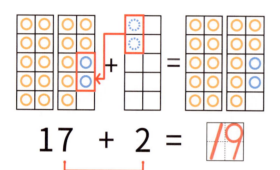

17 ＋ 2 ＝ 19

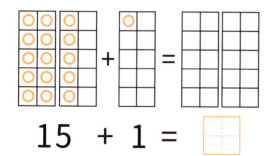

15 ＋ 1 ＝

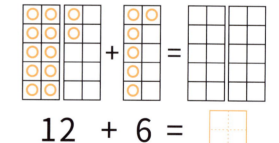

12 ＋ 6 ＝

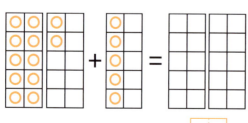

12 ＋ 5 ＝

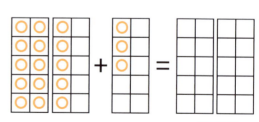

15 ＋ 3 ＝

三、20以内数的不进位加法

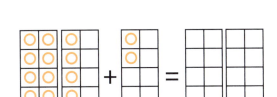

14 + 2 =

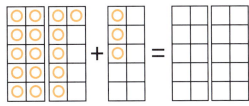

16 + 3 =

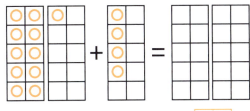

11 + 4 =

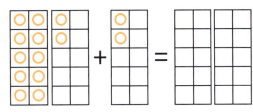

12 + 2 =

第 6 天

2 描一描，写一写。

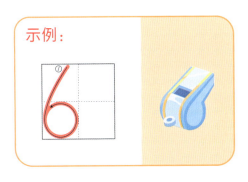

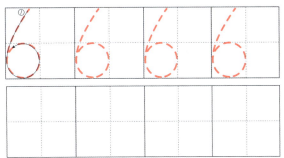

自我评价：

三、20以内数的不进位加法

（二）

画一画，填一填。

示例：

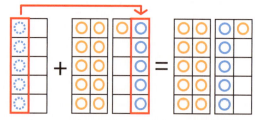

5 + 11 = 16

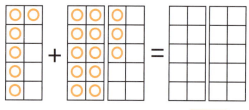

6 + 13 =   　　　　7 + 11 =

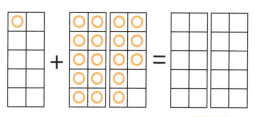 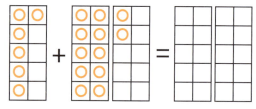

1 + 18 =   　　　　6 + 12 =

三、20以内数的不进位加法

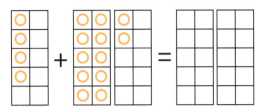

4 + 12 =

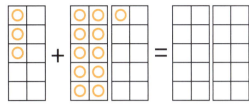

3 + 11 =

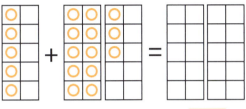

5 + 13 =

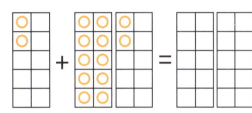

2 + 12 =

第 7 天

2. 描一描，写一写。

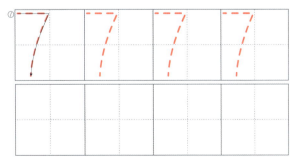

自我评价： 用时：_____

四、20以内数的不退位减法

（一）

1 画一画，填一填。

示例：

14 − 2 = 12

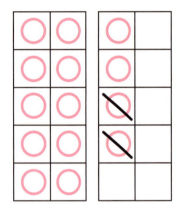

17 − 7 =

16 − 1 =

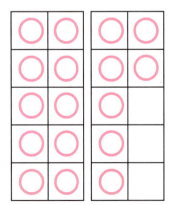
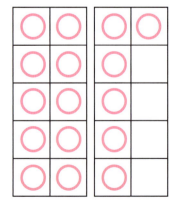

四、20以内数的不退位减法

__月__日

19 − 3 = ☐   12 − 2 = ☐

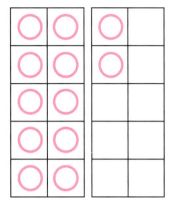

18 − 4 = ☐   17 − 2 = ☐

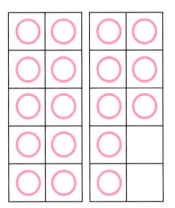   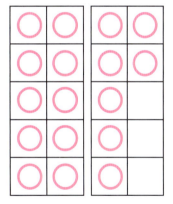

19 − 4 = ☐   16 − 5 = ☐

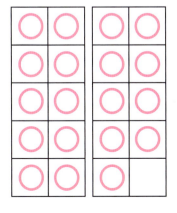   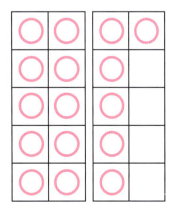

第 8 天

四、20以内数的不退位减法

20 － 10 = ☐   17 － 5 = ☐

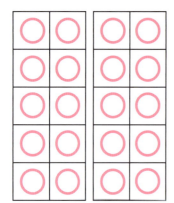

15 － 4 = ☐   15 － 3 = ☐

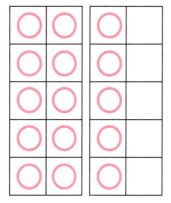
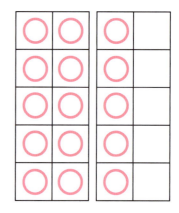

18 － 5 = ☐   16 － 3 = ☐

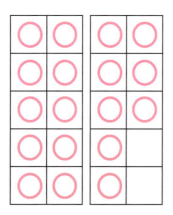
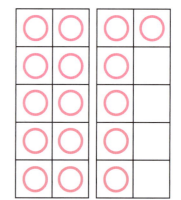

___月___日

四、20以内数的不退位减法

13 − 2 = ☐   19 − 6 = ☐

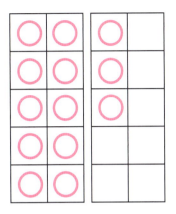 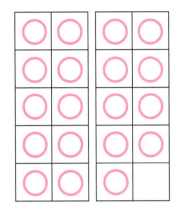

18 − 3 = ☐

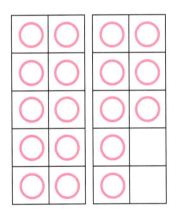

学习指引：
数形对应，通过观察数量变化过程，得出结果。脑中有"形"，心中有"法"，为心象运算、快速口算奠定基础。

第 8 天

2. 描一描，写一写。

 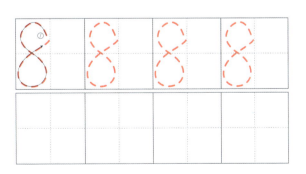

自我评价：    用时：_____

四、20以内数的不退位减法

（二）

1. 画一画，填一填。

示例：

17 − 4 = 13

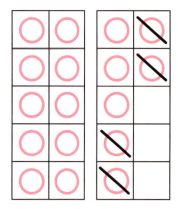

16 − 2 =

14 − 1 =

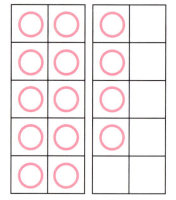

四、20以内数的不退位减法

19 − 7 =

18 − 6 =
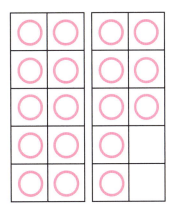

15 − 2 =
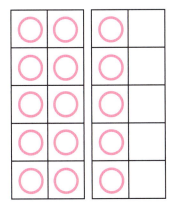

18 − 3 =
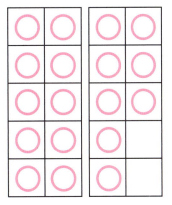

19 − 6 =
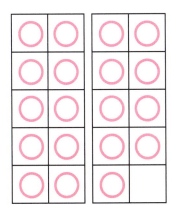

16 − 5 =
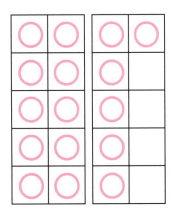

四、20以内数的不退位减法

19 － 4 ＝ ☐　　18 － 7 ＝ ☐

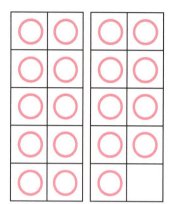
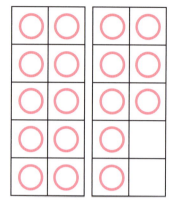

17 － 2 ＝ ☐　　17 － 5 ＝ ☐

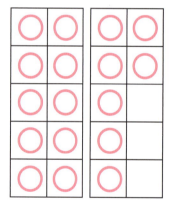
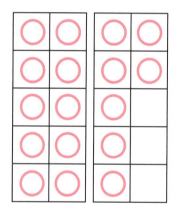

19 － 5 ＝ ☐　　18 － 4 ＝ ☐

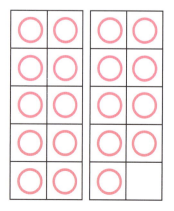
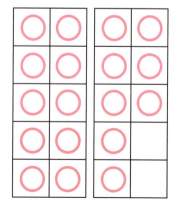

___月___日

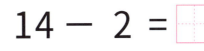
四、20以内数的不退位减法

16 － 3 = ☐ 　　14 － 2 = ☐

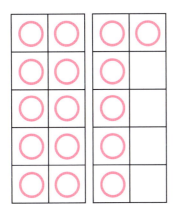 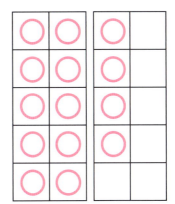

19 － 3 = ☐

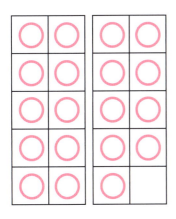

学习指引：
数形对应，通过观察数量变化过程，得出结果。脑中有"形"，心中有"法"，为心象运算、快速口算奠定基础。

第 9 天

2 描一描，写一写。

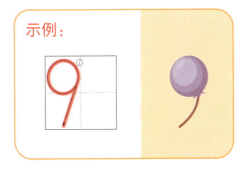
示例：

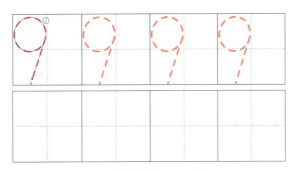

自我评价：   　　用时：_____

___月___日

五、20以内数的进位加法

大数加小数——9加几

1 画一画，填一填。

示例：凑十法

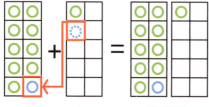

9 + 2 = 11

拆小数和拆大数，哪一个更简单呢？

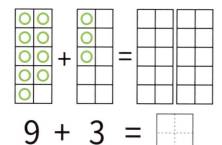

9 + 3 =

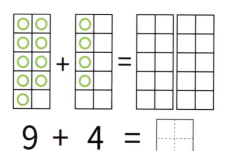

9 + 4 =

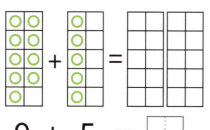

9 + 5 =

学习指引：
（1）理解——熟悉加法的意义，两部分合并在一起。
（2）观察——感受"凑十法"的好处。
（3）思考——什么样的题目用"凑十法"更简单。

五、20以内数的进位加法

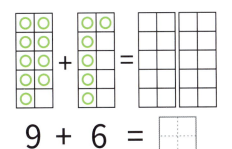

9 + 6 =

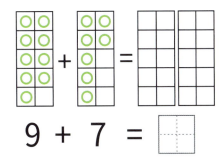

9 + 7 =

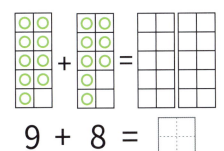

9 + 8 =

学习指引：
可以用"凑十法"解决"9+8、9+7、…"的相关问题。

第10天

2 描一描，写一写。

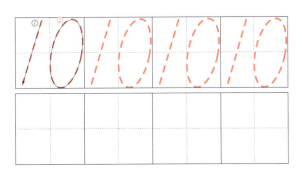

自我评价：　　　　　　　　　　用时：_____

五、20以内数的进位加法

大数加小数——8加几

 画一画,填一填。

示例:凑十法

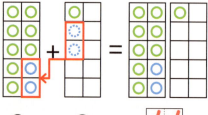

8 + 3 = 11

通过大量练习我们发现,拆小数补大数可以使计算更简单哟!

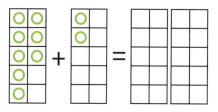

8 + 2 =

学习指引:
你知道什么时候可以使用"凑十法"吗?想一想吧!

第11天

五、20以内数的进位加法

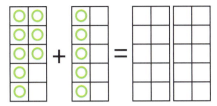

8 + 5 =

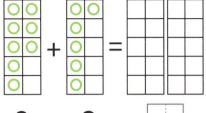

8 + 6 =

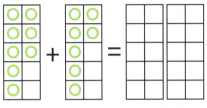

8 + 7 =

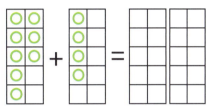

8 + 4 =

学习指引：
可以用"凑十法"解决"8+7、8+6、…"的相关问题。

第 11 天

自我评价： 用时：_____

五、20以内数的进位加法

大数加小数——7加几

 画一画，填一填。

示例：凑十法

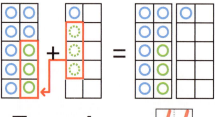

7 + 4 = 11

大数加小数，拆小数补大数，大数凑成十。

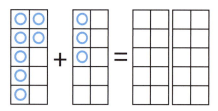

7 + 3 =

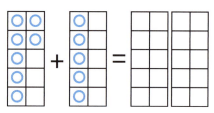

7 + 5 =

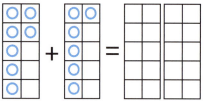

7 + 6 =

学习指引：
"凑十法"很简单，可以帮助小朋友很快算出结果哟！

五、20以内数的进位加法

两个相同的数相加

 画一画，填一填。

示例：凑十法

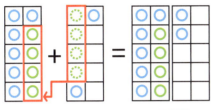

6 + 6 = 12

两个数一样大，拆谁都可以。

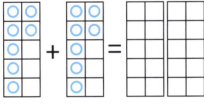

7 + 7 =

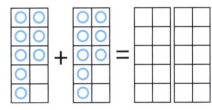

8 + 8 =

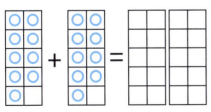

9 + 9 =

第 12 天

自我评价：    用时：_____

五、20以内数的进位加法

小数加大数（一）

画一画，填一填。

示例：凑十法

大数在后面，我们依然是拆小数补大数，凑整十。

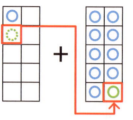

2 + 9 = 11

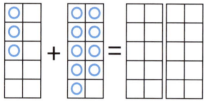

3 + 9 =   4 + 9 =

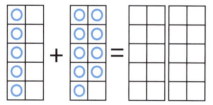

5 + 9 =   6 + 9 =

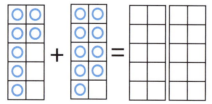

7 + 9 =   8 + 9 =

学习指引：遇到"小数 + 大数"时，也可以应用"凑十法"解决问题哟！

自我评价：   用时：_____

五、20以内数的进位加法

小数加大数（二）

画一画，填一填。

示例：凑十法

大数在后面，我们依然是拆小数补大数，凑整十。

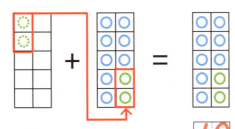

2 + 8 = 10

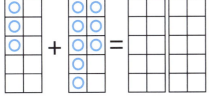

3 + 8 =   　　4 + 8 =

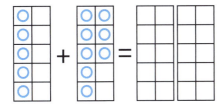 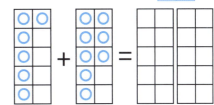

5 + 8 =   　　6 + 8 =

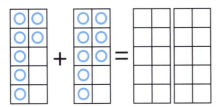 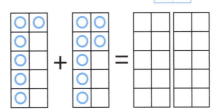

7 + 8 =   　　6 + 7 =

学习指引：
遇到"小数 + 大数"时，也可以应用"凑十法"解决问题哟！

自我评价：　　　　　　　　　用时：_____

第14天

小数加大数（三）

 画一画，填一填。

示例：

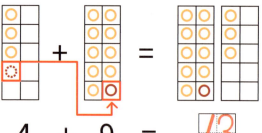

4 + 9 = 13

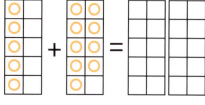

5 + 9 = ☐

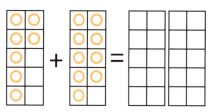

7 + 9 = ☐

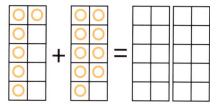

6 + 9 = ☐

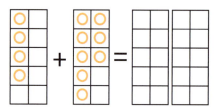

4 + 8 = ☐

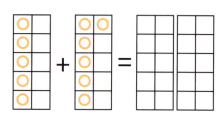

5 + 6 = ☐

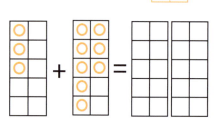

3 + 8 = ☐

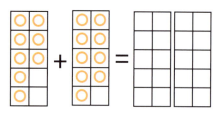

8 + 9 = ☐

五、20以内数的进位加法

数形结合（一）

画一画，填一填。

示例：

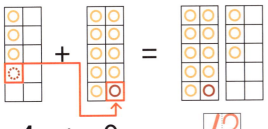

4 + 9 = 13

3 + 8 =

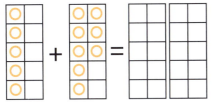

5 + 8 =

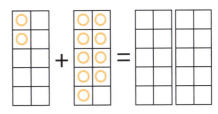

2 + 9 =

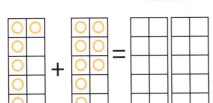

6 + 8 =

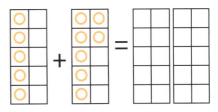

5 + 7 =

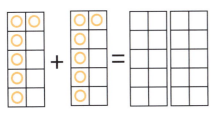

6 + 6 =

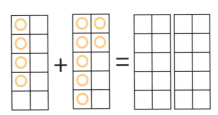

4 + 7 =

自我评价：　　　　　　　　　用时：_____

数形结合（二）

 画一画，填一填。

示例：

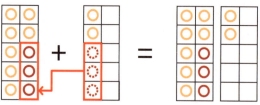

7 + 5 = 12

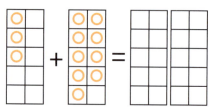

3 + 9 =

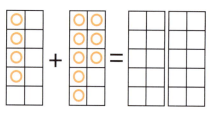

4 + 8 =

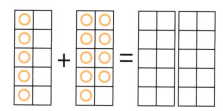

5 + 9 =

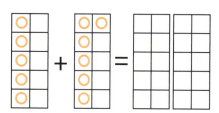

5 + 6 =

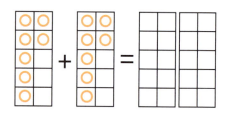

7 + 7 =

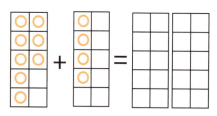

8 + 4 =

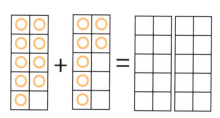

9 + 7 =

五、20以内数的进位加法

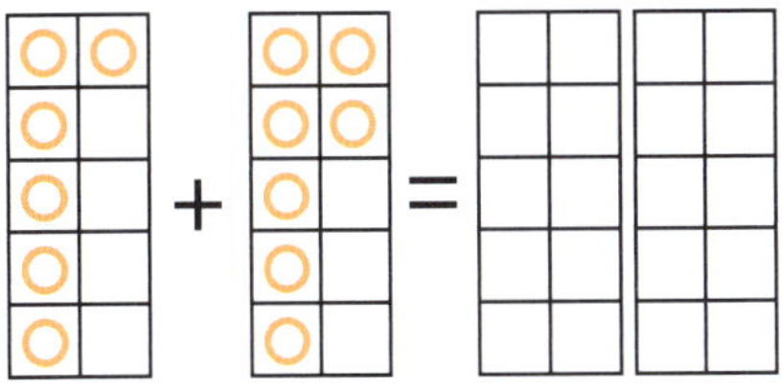

6 + 7 =

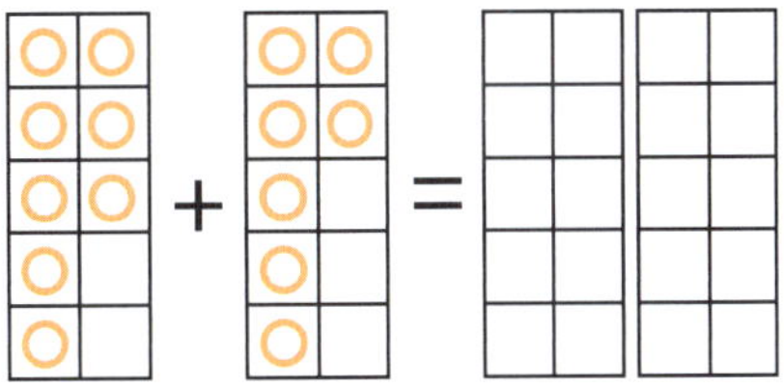

8 + 7 =

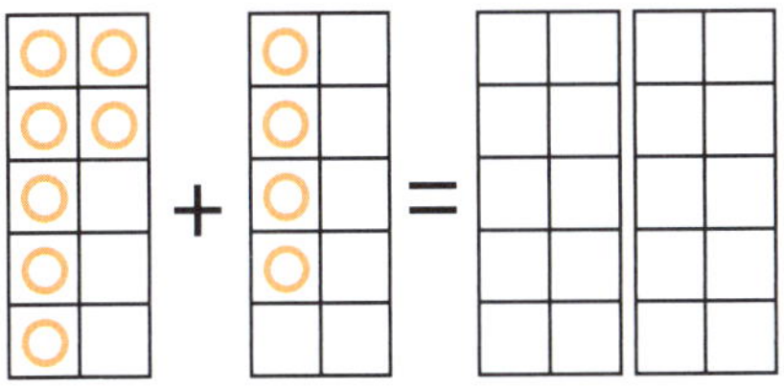

7 + 4 =

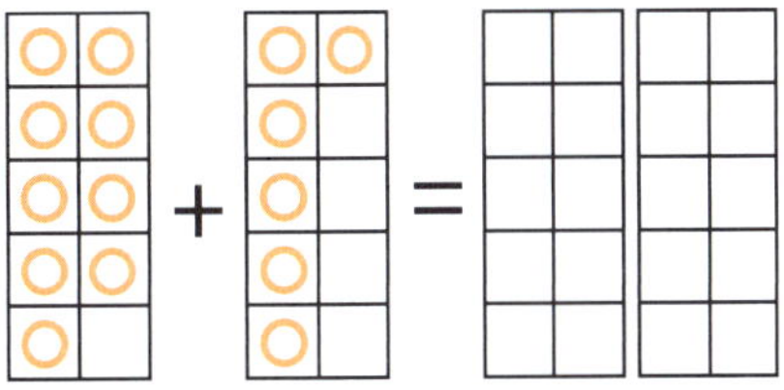

9 + 6 =

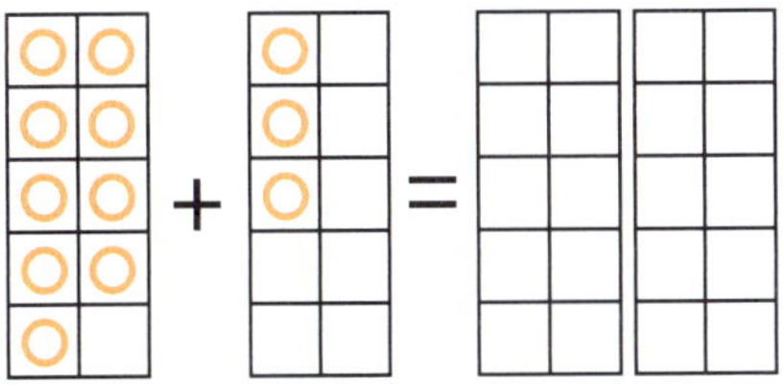

9 + 3 =

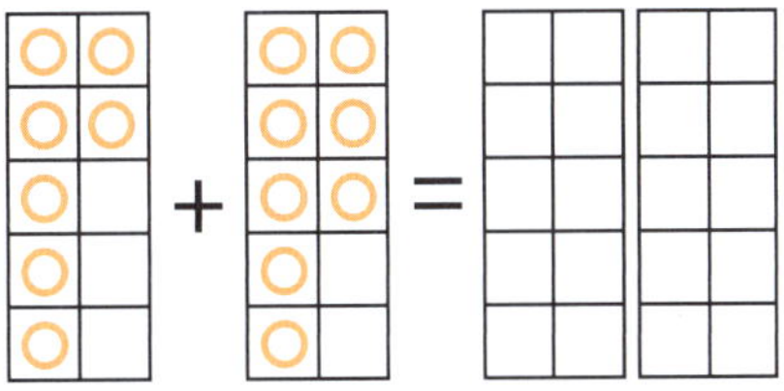

7 + 8 =

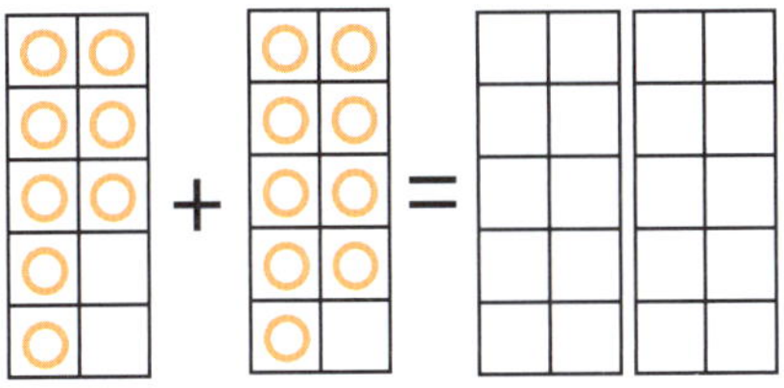

8 + 9 =

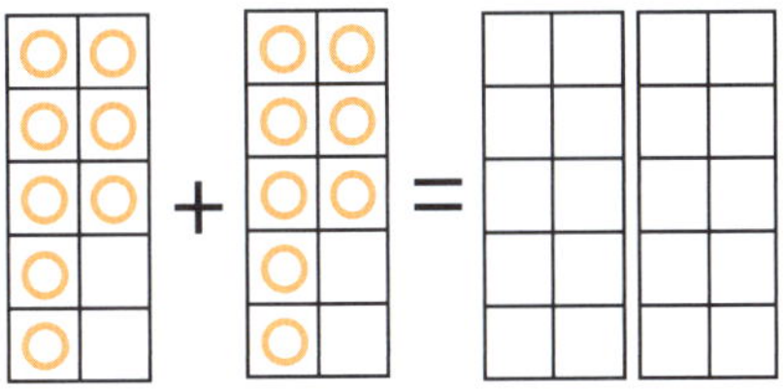

8 + 8 =

五、20以内数的进位加法

数形结合（三）

 画一画，填一填。

示例：

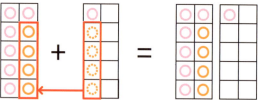

6 + 5 =

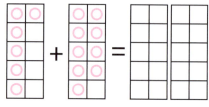

6 + 9 =

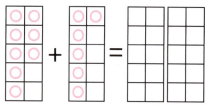

8 + 6 =

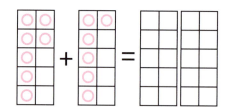

7 + 6 =

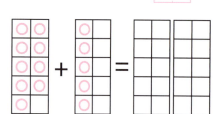

9 + 5 =

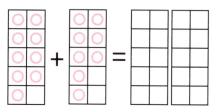

9 + 8 =

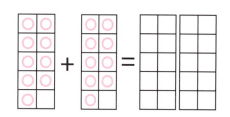

9 + 9 =

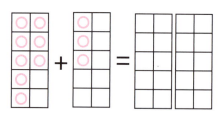

8 + 3 =

五、20以内数的进位加法

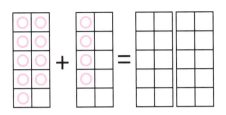 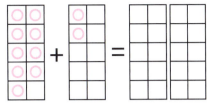

9 + 4 =   9 + 2 =

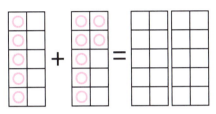 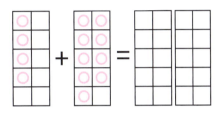

5 + 7 =   4 + 9 =

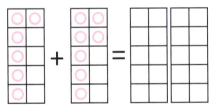 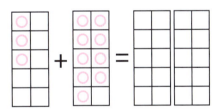

6 + 7 =   3 + 9 =

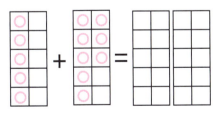 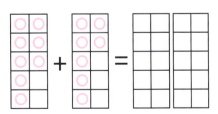

5 + 8 =   8 + 7 =

第17天

自我评价：   用时：_____

五、20以内数的进位加法

数形结合（四）

 画一画，填一填。

示例：

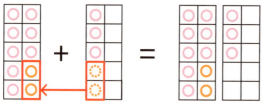 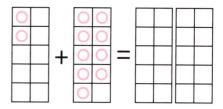

8 + 5 = 　　2 + 9 = ☐

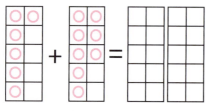 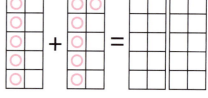

6 + 8 = ☐　　5 + 6 = ☐

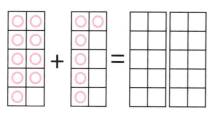 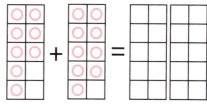

9 + 6 = ☐　　8 + 9 = ☐

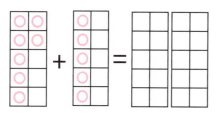 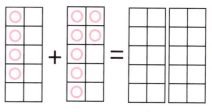

7 + 5 = ☐　　4 + 7 = ☐

五、20以内数的进位加法

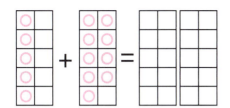　　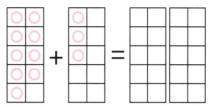

5 + 9 =　　　　9 + 3 =

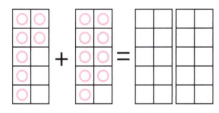　　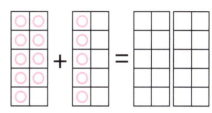

8 + 4 =　　　　9 + 5 =

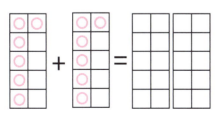　　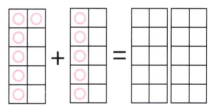

7 + 9 =　　　　6 + 5 =

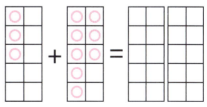

6 + 6 =　　　　3 + 8 =

自我评价：　　　　用时：_____

五、20以内数的进位加法

数形结合（五）

 画一画，填一填。

示例：

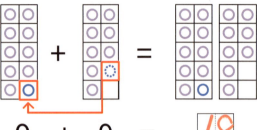
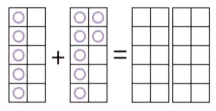

9 + 9 = 18　　　5 + 7 = ☐

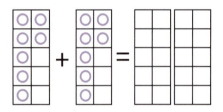
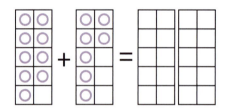

7 + 7 = ☐　　　9 + 7 = ☐

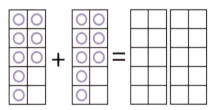
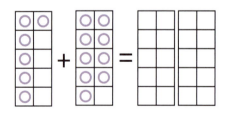

8 + 8 = ☐　　　6 + 9 = ☐

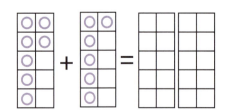
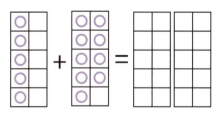

7 + 6 = ☐　　　5 + 9 = ☐

五、20以内数的进位加法

___月___日

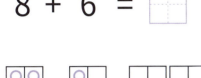

8 + 6 =

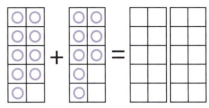

9 + 8 =

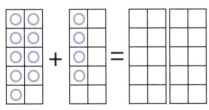

8 + 5 =

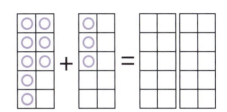

8 + 3 =

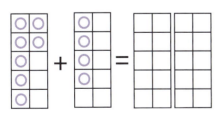

9 + 4 =

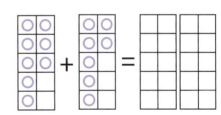

8 + 7 =

7 + 4 =

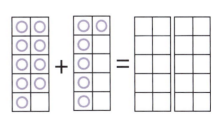

9 + 6 =

自我评价: 用时:_____

第19天

六、20以内数的退位减法

减9

 画一画，填一填。

示例：破十法

11 − 9 = 2

12 − 9 =

13 − 9 =

___月___日

六、20以内数的退位减法

14 − 9 =

15 − 9 =

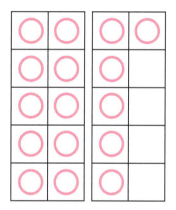

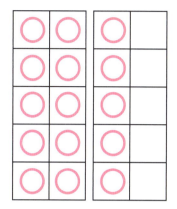

16 − 9 =

17 − 9 =

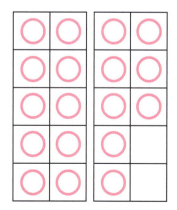

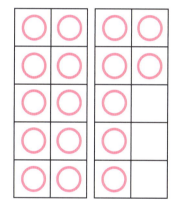

18 − 9 =

学习指引：
遇到"−9"的题目，使用"破十法"很方便哟！

自我评价：

用时：_____

六、20以内数的退位减法

减 8

 画一画，填一填。

示例：破十法

$11 - 8 = 3$

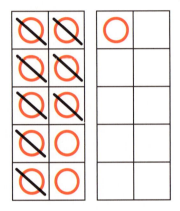

$12 - 8 = $

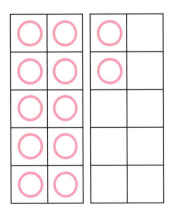

$13 - 8 = $

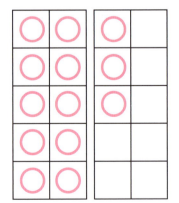

六、20以内数的退位减法

14 － 8 =

16 － 8 =

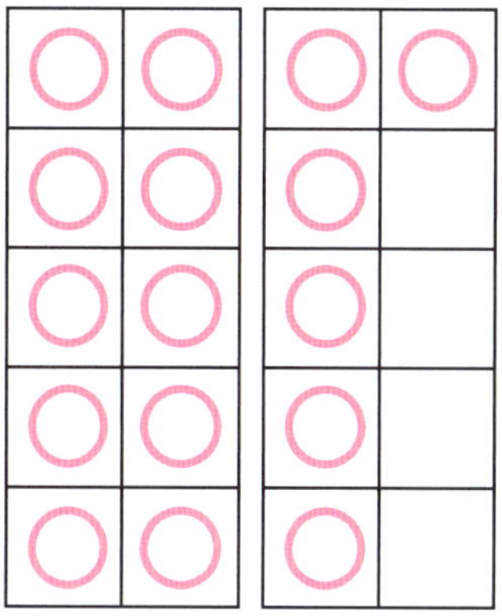

15 － 8 =

17 － 8 =

学习指引：
遇到"-8"的题目，使用"破十法"很方便哟！

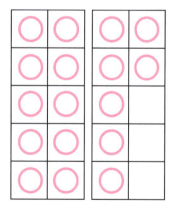

第21天

自我评价：   用时：_____

___月___日

六、20以内数的退位减法

练习（一）

 画一画，填一填。

示例：破十法

11 − 9 = 2

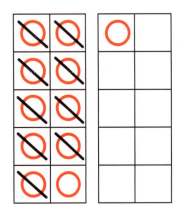

11 − 8 =

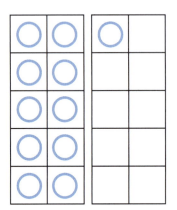

11 − 7 =

11 − 6 =

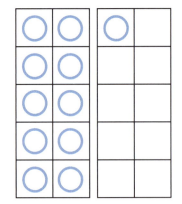

学习指引：
退位减法，是计算过程中的难点和易错点。通过"数形结合 - 反复练习 - 强化记忆"的方式，让孩子真正理解并掌握该部分知识。

六、20 以内数的退位减法

11 − 5 = ☐   11 − 4 = ☐

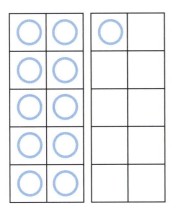   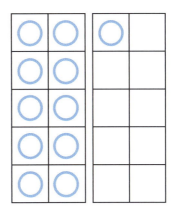

11 − 3 = ☐   11 − 2 = ☐

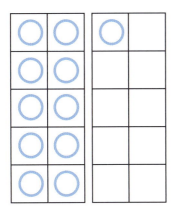

12 − 9 = ☐   12 − 8 = ☐

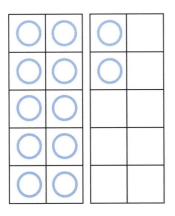   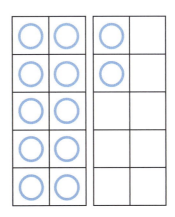

六、20以内数的退位减法

12 － 7 = 　　　　12 － 6 =

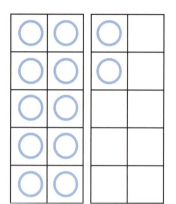 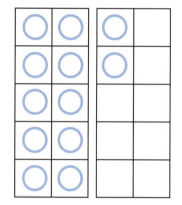

12 － 5 = 　　　　12 － 4 =

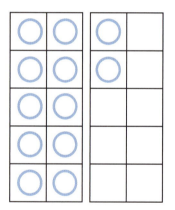 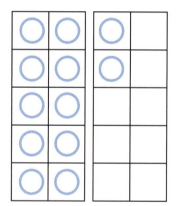

12 － 3 = 　　　　13 － 9 =

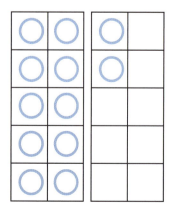 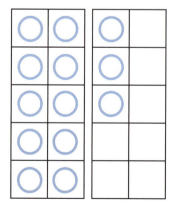

六、20以内数的退位减法

13 － 8 = 13 － 7 =

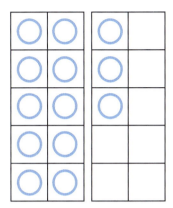 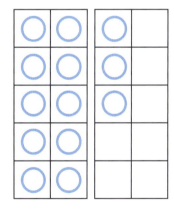

13 － 6 = 13 － 5 =

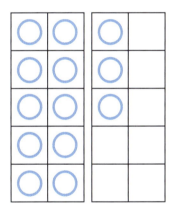

13 － 4 = 14 － 5 =

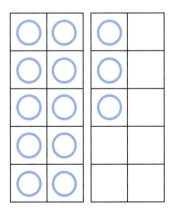 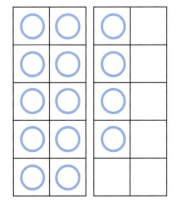

自我评价： 用时：_____

六、20以内数的退位减法

练习（二）

 画一画，填一填。

示例：破十法

12 − 9 = 3

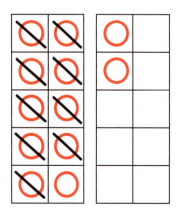

14 − 9 = ☐

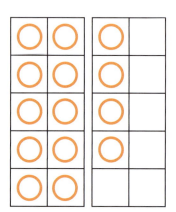

14 − 8 = ☐

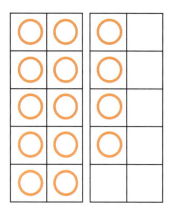

14 − 7 = ☐

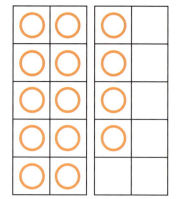

六、20以内数的退位减法

14 － 6 =　　　　　11 － 9 =

15 － 9  =　　　　　15 － 8 =

15 － 7  =　　　　　15 － 6 =

六、20以内数的退位减法

16 − 9 = 　　　　　　16 − 8 =

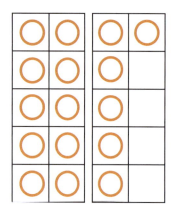
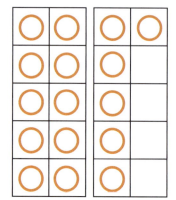

16 − 7 = 　　　　　　17 − 9 =

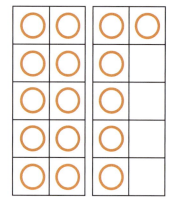
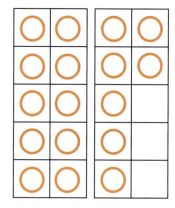

17 − 8 = 　　　　　　18 − 9 =

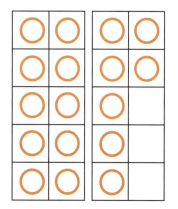
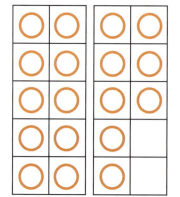

六、20以内数的退位减法

11 － 7 = 　　　　13 － 5 =

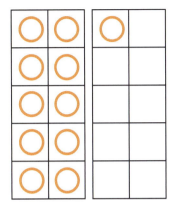 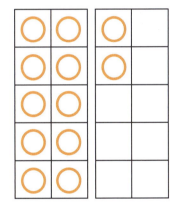

11 － 6 = 　　　　12 － 5 =

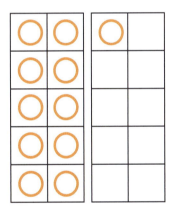

13 － 8 = 　　　　12 － 6 =

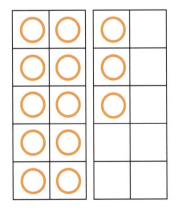 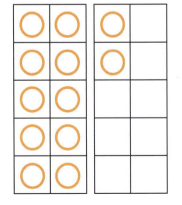

自我评价: 　　用时:_____

六、20以内数的退位减法

练习（三）

 画一画，填一填。

示例：破十法

13 － 9 = 4

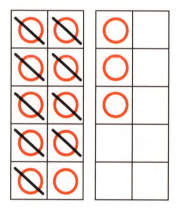

14 － 9 =

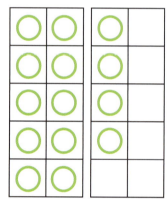

15 － 9 =

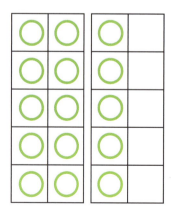

16 － 9 =

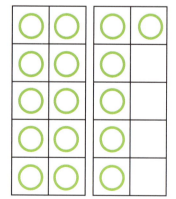

六、20以内数的退位减法

14 － 8 =

11 － 8 =

17 － 8 =
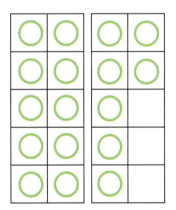

18 － 9 =
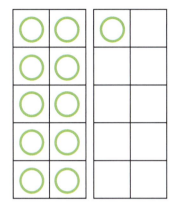

13 － 4 =
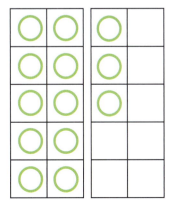

11 － 2 =
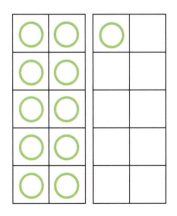

六、20以内数的退位减法

12 － 7 =   12 － 3 =

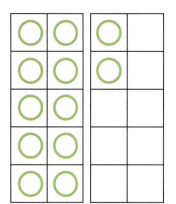
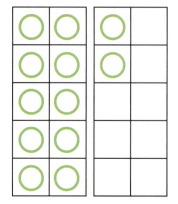

11 － 5 =   13 － 6 =

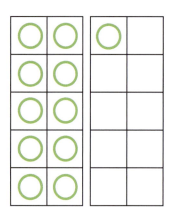
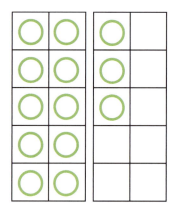

14 － 7 =   14 － 6 =

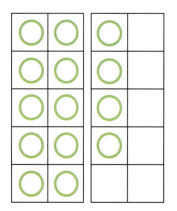
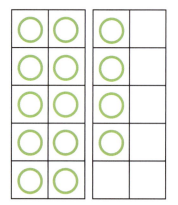

六、20以内数的退位减法

15 － 8 =

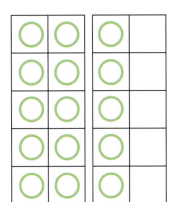

16 － 8 =

11 － 4 =

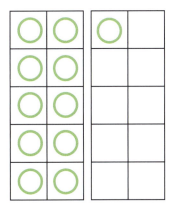

12 － 8 =

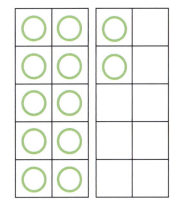

16 － 7 =

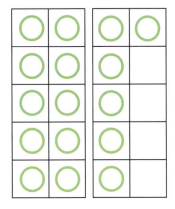

11 － 3 =

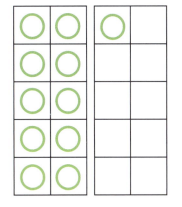

自我评价：

用时：_____

六、20以内数的退位减法

练习（四）

 画一画，填一填。

示例：破十法

14 － 9 = 5

14 － 5 = ☐

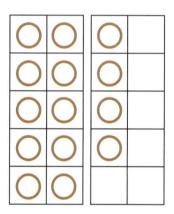

16 － 8 = ☐

15 － 7 = ☐

六、20以内数的退位减法

18 — 9 = ☐   17 — 9 = ☐

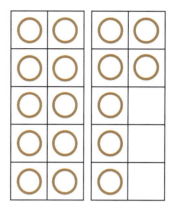

16 — 7 = ☐   12 — 4 = ☐

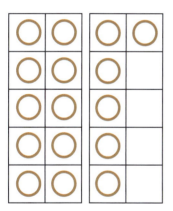

11 — 9 = ☐   14 — 7 = ☐

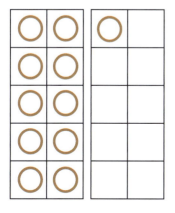

第25天

六、20以内数的退位减法

11 － 4 ＝ ☐   12 － 8 ＝ ☐

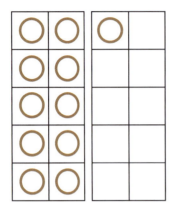 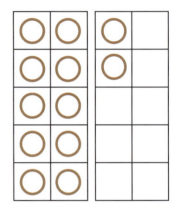

11 － 8 ＝ ☐   14 － 8 ＝ ☐

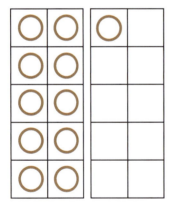 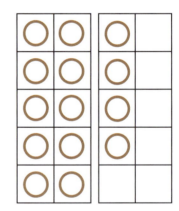

16 － 9 ＝ ☐   12 － 9 ＝ ☐

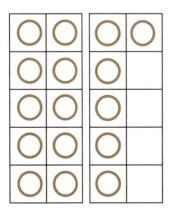 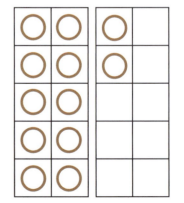

六、20以内数的退位减法

14 − 9 = 　　15 − 6 =

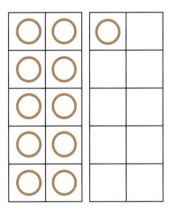
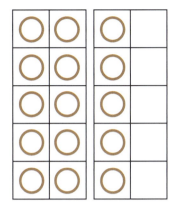

11 − 6 = 　　14 − 5 =

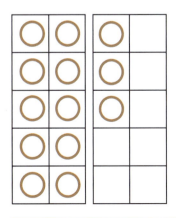
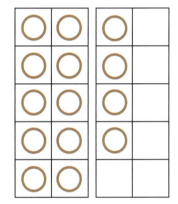

13 − 7 = 　　15 − 9 =

自我评价：　　　　　用时：_____

第 25 天

六、20以内数的退位减法

练习（五）

 画一画，填一填。

示例：破十法

16 － 9 = 7

17 － 8 = ☐

18 － 9 = ☐

15 － 6 = ☐

六、20以内数的退位减法

11 − 7 =

12 − 3 =

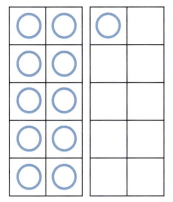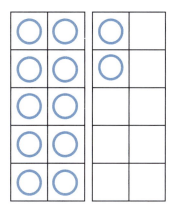

11 − 5 =

12 − 4 =

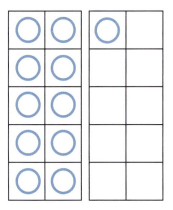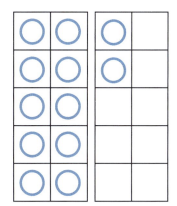

15 − 7 =

14 − 6 =

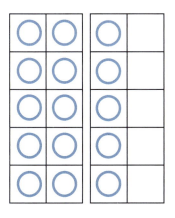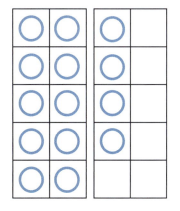

第26天

16 － 7 = ☐   11 － 9 = ☐

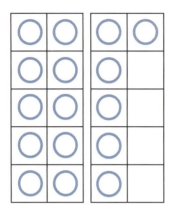
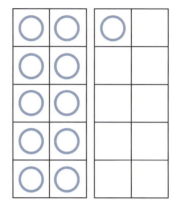

11 － 6 = ☐   15 － 8 = ☐

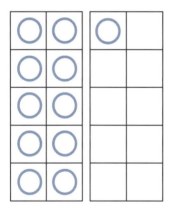
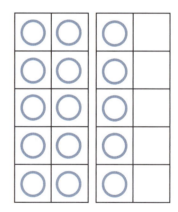

12 － 6 = ☐   12 － 5 = ☐

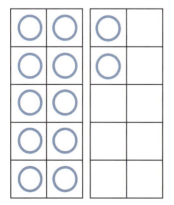
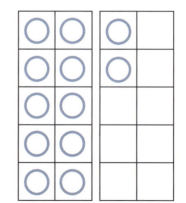

六、20以内数的退位减法

11 − 4 = 14 − 7 =

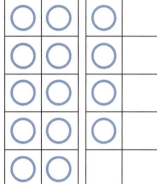

17 − 9 = 16 − 8 =

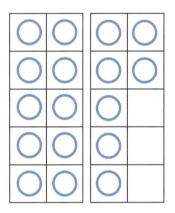 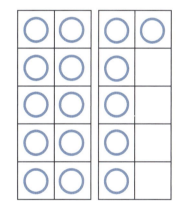

12 − 7 = 11 − 3 =

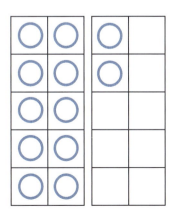 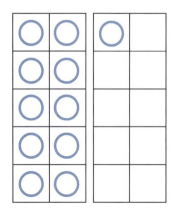

六、20以内数的退位减法

练习（六）

 画一画，填一填。

示例：破十法

17 － 9 = 8

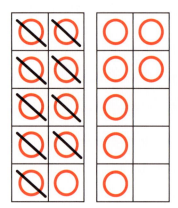

12 － 8 =

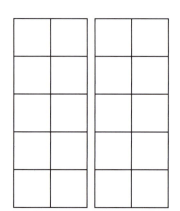

14 － 5 =

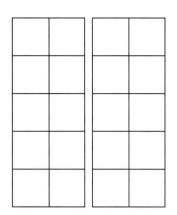

16 － 9 =

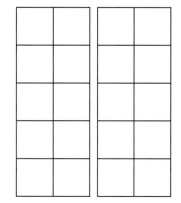

六、20以内数的退位减法

13 − 8 = ☐   12 − 9 = ☐

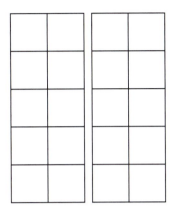   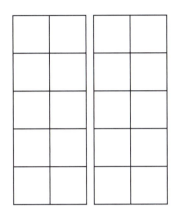

16 − 8 = ☐   17 − 8 = ☐

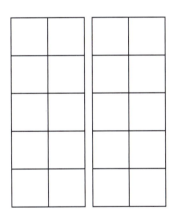   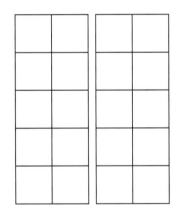

15 − 9 = ☐   16 − 9 = ☐

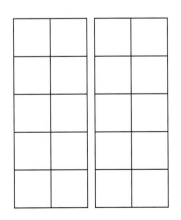   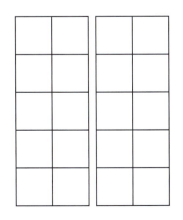

六、20以内数的退位减法

11 − 8 =

18 − 9 =

13 − 9 =

11 − 7 =

15 − 9 =

14 − 6 =

六、20以内数的退位减法

15 － 8 =

11 － 5 =

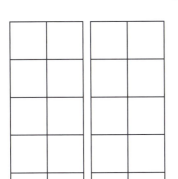
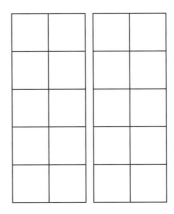

12 － 5 =

12 － 6 =

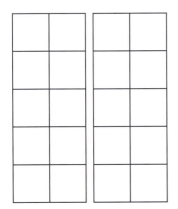
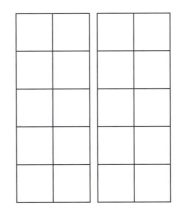

11 － 3 =

13 － 7 =

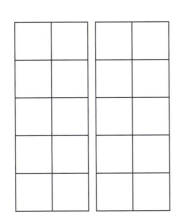
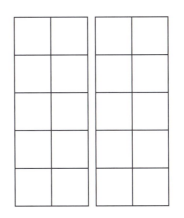

第 27 天

自我评价：   用时：_____

六、20以内数的退位减法

练习（七）

 画一画，填一填。

示例：破十法

18 − 9 = 9

12 − 5 =

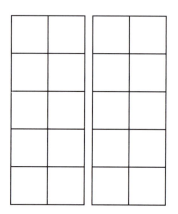

11 − 8 =

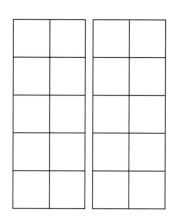

13 − 5 =

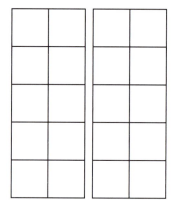

六、20以内数的退位减法

11 － 9 = 12 － 7 =

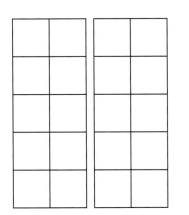 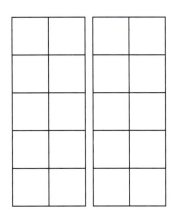

14 － 8 = 13 － 4 =

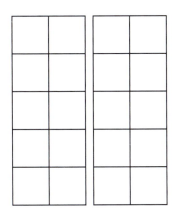 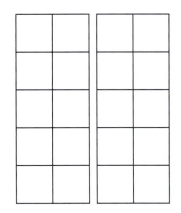

15 － 6 = 13 － 6 =

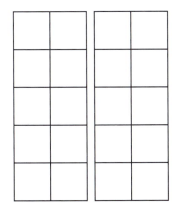 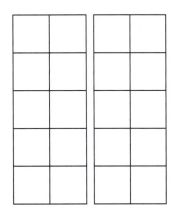

第28天

六、20以内数的退位减法

11 － 6 =　　　　17 － 8 =

11 － 4 =　　　　15 － 7 =

12 － 3 =　　　　16 － 7 =

六、20以内数的退位减法

15 − 6 =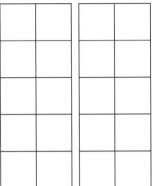

11 − 5 =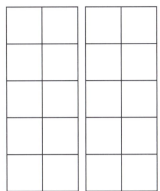

12 − 4 =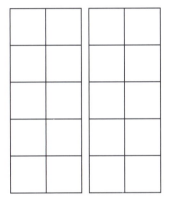

15 − 9 =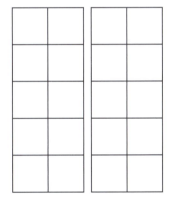

11 − 7 =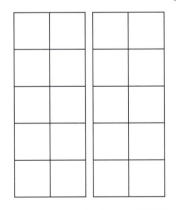

13 − 4 =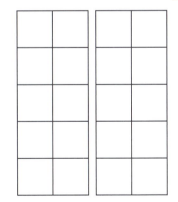

学习指引：
破十法，真方便，简单"快捷"真厉害。

自我评价：   用时：

第28天

六、20以内数的退位减法

练习（八）

 画一画，填一填。

示例：破十法

11 − 9 = 2

17 − 9 =

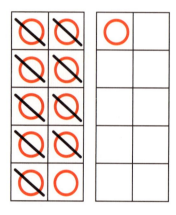

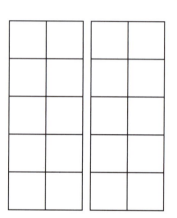

13 − 5 =

18 − 9 =

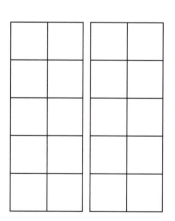

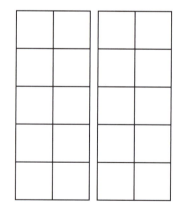

六、20以内数的退位减法

11 − 2 =

16 − 7 =

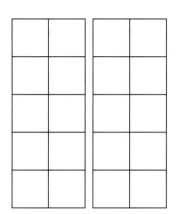
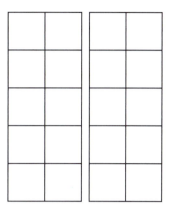

14 − 9 =

11 − 3 =

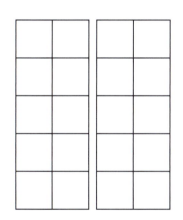
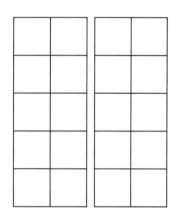

14 − 6 =

11 − 4 =

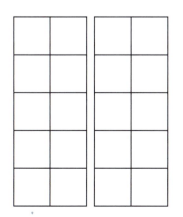
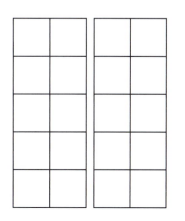

第29天

六、20以内数的退位减法

13 － 7 =   12 － 8 =

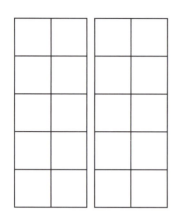   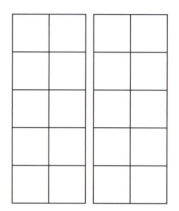

11 － 5 =   14 － 7 =

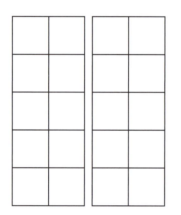   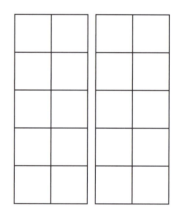

16 － 8 =   15 － 8 =

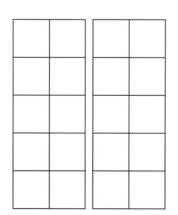   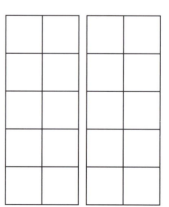

六、20以内数的退位减法

11 － 8 = ☐   12 － 6 = ☐

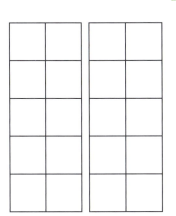
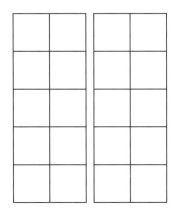

12 － 9 = ☐   14 － 8 = ☐

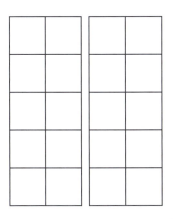
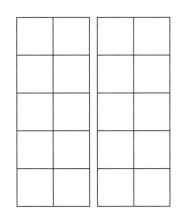

13 － 9 = ☐   15 － 6 = ☐

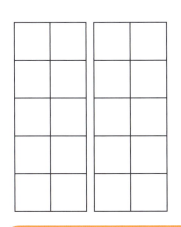
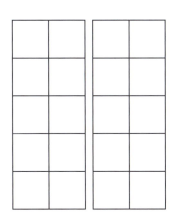

自我评价：   用时：_____

第29天

七、亲子小游戏

魔法十格阵

通过在十格阵中摆放物品，观察和体会数量的变化过程，深刻理解如何应用"凑十法和破十法"来解决计算问题。

2人

配套十格阵操作卡、20个小物品（如小积木等）

游戏说明

1. 将十格阵操作卡沿剪裁线取下，作为底板。
2. 玩家1出题，玩家2在十格阵中摆放对应数量的物品，进行加减实操练习。（题目可以参考小题库中的算式，也可自编）
3. 示例演示：

① 加法练习——凑十法

$$9+2=$$

第一步：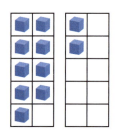   第二步：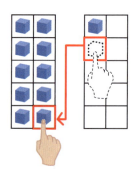

七、亲子小游戏

根据算式中的数，在十格阵中分别放入9个和2个小积木，利用"凑十法"动手操作，演示观察。最后十格阵中呈现出1个10和1个1，所以9+2=11。

② 减法练习——破十法   11 − 5 = 6

第一步：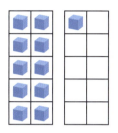   第二步：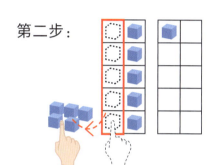

根据算式中的数，在十格阵中放入11个积木，然后拿走5个放旁边，利用"破十法"进行动手操作，演示观察，十格阵中还剩1个5和1个1，所以11 − 5=6。

注意：如果小朋友在操作过程中，不是利用"凑十法"和"破十法"，这也没关系，家长可以引导小朋友说出自己的操作方法，让其观察比较，自己探索出更简便的计算方法。多次练习，加深建形的思想，切勿强迫要求。此外，孩子在使用小物品的过程中注意安全，切勿吞咽。

参考小题库：

9+8=	8+7=
7+6=	9+9=
6+5=	5+8=
……	

12−9=	14−8=
11−9=	13−8=
15−7=	16−9=
……	

第30天

十格阵操作卡

八、拼图游戏

剪裁卡片,开启神秘之旅!

重组卡片,召唤神秘惊喜!

九、成长记录

日期	用时	收获

日期	用时	收获

九、成长记录

十、答案

P1 15、14、11、13、12

P2 17、20、16、19、18

P3 （11）（15）（12）（16）（19）

P4 （13）（17）（20）（14）（18）

P5 9、6、9、6、
7、7、12、12、
12、8、9、3、
9、12、8、10

P6 3、6、12、16、
4、8、4、4、
11、8、8、8、
5、12、9、13

P7 7、6、2、9、
12、7、2、11、
3、3、8、7、
3、8、2、8

P8-9 16、18、
17、18
16、19、
15、14

P10-11 19、18、
19、18
16、14、
18、14

P12-13 10、15
16、10、
14、15、
15、11

P14-15 10、12、
11、12、
13、13
11、13、15

P16-17 14、13
12、12、
13、15、
13、11

P18-19 15、11、
15、12、
14、14
13、12、16

P20-21 12、13、14
15、16、17

P22-23 10
13、14、15、12

P24-25 10、12、13
14、16、18

P26-27 12、13、14、15、16、17
11、12、13、14、15、13

P28 14、16、15、12、11、11、17

十、答案

P29 11、13、11、14、12、12、11

P30 12、12、14、11、14、12、16

P31 13、15、11、15、12、15、17、16

P32 15、14、13、14、17、18、11

P33 13、11、12、13、13、12、13、15

P34 11、14、11、15、17、12、11

P35 14、12、12、14、16、11、12、11

P36 12、14、16、16、15、13、14

P37 14、17、13、11、13、15、11、15

P38-39 3、4、5、6、7、8、9

P40-41 4、5、6、8、7、9

P42-43 3、4、5、6、7、8、9、3、4

P44-45 5、6、7、8、9、4、5、6、7、8、9、9

P46-47 5、6、7、8、2、6、7、8、9

P48-49 7、8、9、8、9、9、4、8、5、7、5、6

P50-51 5、6、7、6、3、9、9、9、9

P52-53 5、9、6、7、7、8、7、8、7、4、9、8

P54-55 9、8、8、9、8、9、8、2、7

P56-57 7、4、3、6、7、3、5、9、5、9、6、6

P58-59 9、9、9、4、9、6、8、8、8

P60-61 9、2、5、7、6、7、7、7、8、8、5、8

十、答案

P62-63
4、9、7

5、3、8、9、6、7

P64-65
3、9、4、4、6、8

7、6、7、6、8、6

P66-67
7、3、8

2、5、6、9、9、7

P68-69
5、9、7、8、9、9

9、6、8、6、4、9

P70-71
8、8、9

9、9、5、8、8、7

P72-73
6、4、6、7、8、7

3、6、3、6、4、9

火花数感分级培养

第四级

20以内数感大贯通

火花思维研发中心 编

清华大学出版社
北京

版权所有，侵权必究。举报：010-62782989，beiqinquan@tup.tsinghua.edu.cn。

图书在版编目（CIP）数据

火花数感分级培养. 第四级：20以内数感大贯通 / 火花思维研发中心编. — 北京：清华大学出版社，2021.1（2024.3重印）
　ISBN 978-7-302-56634-2

　Ⅰ. ①火… Ⅱ. ①火… Ⅲ. ①数学课 – 学前教育 – 教学参考资料　Ⅳ. ① G613.4

中国版本图书馆 CIP 数据核字 (2020) 第 194263 号

责任编辑：	张　宇
封面设计：	马术明
责任校对：	赵丽敏
责任印制：	宋　林

出版发行：清华大学出版社
　　　　　网　　址：https://www.tup.com.cn，https://www.wqxuetang.com
　　　　　地　　址：北京清华大学学研大厦A座　　　邮　　编：100084
　　　　　社 总 机：010-83470000　　　　　　　　 邮　　购：010-62786544
　　　　　投稿与读者服务：010-62776969，c-service@tup.tsinghua.edu.cn
　　　　　质量反馈：010-62772015，zhiliang@tup.tsinghua.edu.cn
印 装 者：小森印刷（北京）有限公司
经　　销：全国新华书店
开　　本：185mm × 260mm　　　　　　总 印 张：16　　　　　　插　　页：2
版　　次：2021年1月第1版　　　　　　　　　　　　　　　　　印　　次：2024年3月第13次印刷
定　　价：65.00元（全三册）

产品编号：089686-02

目录

一、大数的建形 1
二、整十加法和减法 13
三、20以内数的不进位加法 17
四、20以内数的不退位减法 31
五、20以内数的进位加法 39
六、20以内数的退位减法 54
七、亲子小游戏 69
八、拼图游戏 71
九、成长记录 74
十、答案 76

___月___日

一、大数的建形

（一）

 请你根据格子中 ○ 的数量，在（ ）里写出对应的数。

示例：

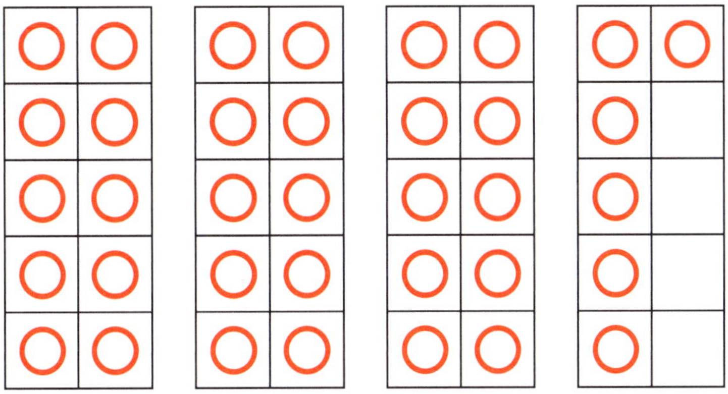

(36)

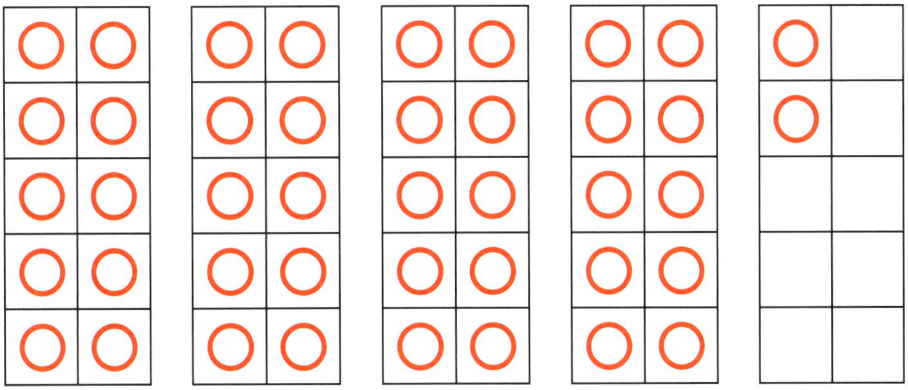

(   )

学习指引：
可以1个10、1个10地数哟！通过以"10"为模进行计数。

___月___日

第1天

一、大数的建形

(39)

(37)

2

一、大数的建形

第1天

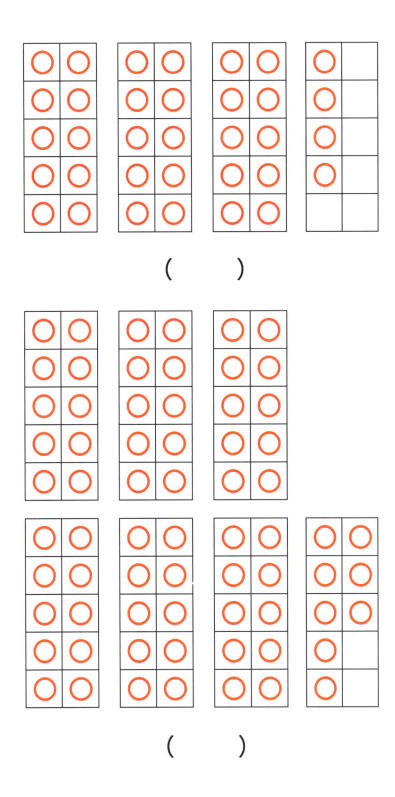

___月___日

一、大数的建形

第 1 天

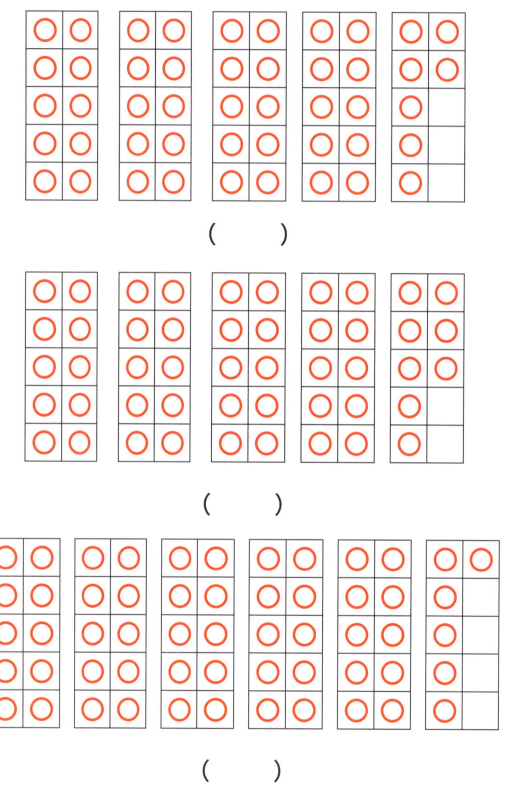

(　　　)

(　　　)

(　　　)

一、大数的建形

第 1 天

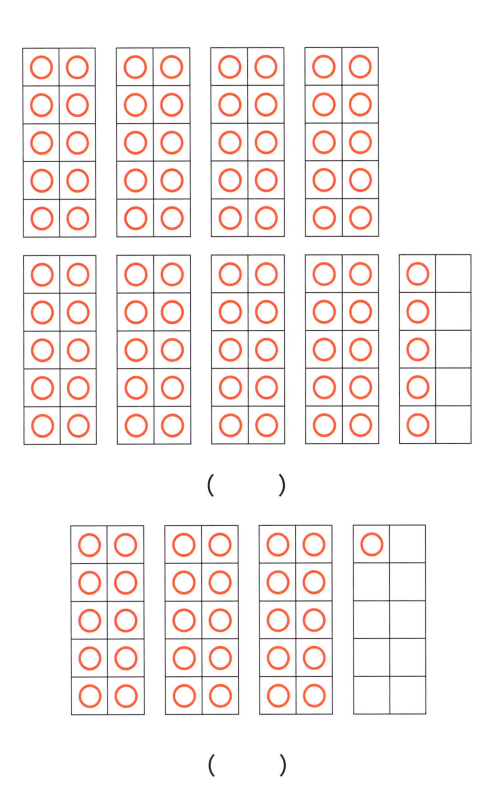

(   )

(   )

一、大数的建形

第 1 天

(　　)

(　　)

自我评价：   　　用时：_____

___月___日

（二）

 请你根据括号里的数，在空格中画出缺少的 ◯。

示例：

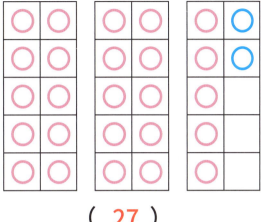

(27)

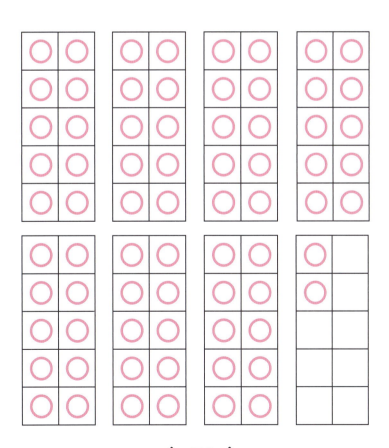

(78)

一、大数的建形

第 2 天

(29)

(58)

(54)

一、大数的建形

第 2 天

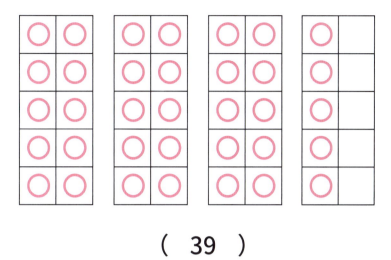

(39)

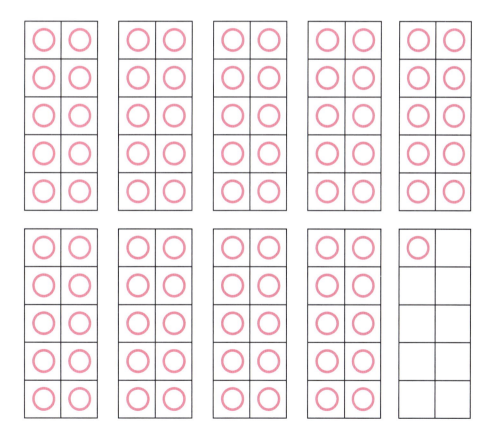

(94)

(36)

(66)

一、大数的建形

第 2 天

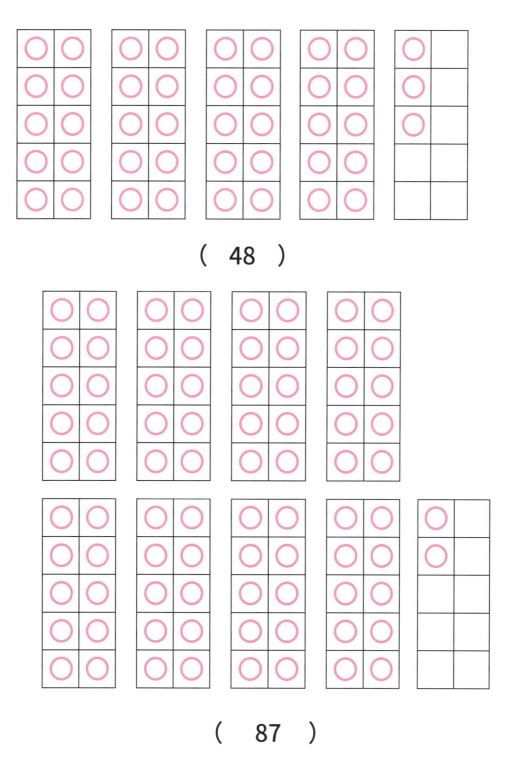

(48)

(87)

学习指引：
通过数形结合，理解数的组成。

一、大数的建形

第 2 天

(44)

(100)

自我评价: 用时:_____

___月___日

二、整十加法和减法

整十加法

 贴一贴，写一写。

示例：

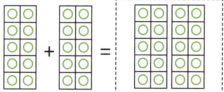

10 + 10 = 20

20 + 20 =

30 + 30 =

10 + 40 =

__月__日

二、整十加法和减法

 2 算一算。

10 + 20 =   50 + 40 =

10 + 30 =   30 + 50 =

30 + 20 =   80 + 10 =

40 + 30 =   20 + 30 =

30 + 60 =   50 + 30 =

70 + 20 =   20 + 60 =

30 + 40 =   60 + 20 =

20 + 40 =   10 + 70 =

50 + 10 =   40 + 10 =

自我评价: 用时:____

整十减法

 1. 画一画，算一算。

示例：20 − 10 = 10

30 − 10 = ☐

60 − 50 = ☐

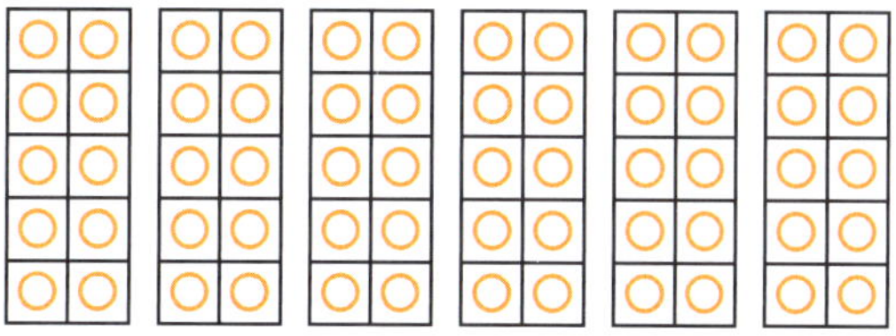

70 − 10 = ☐

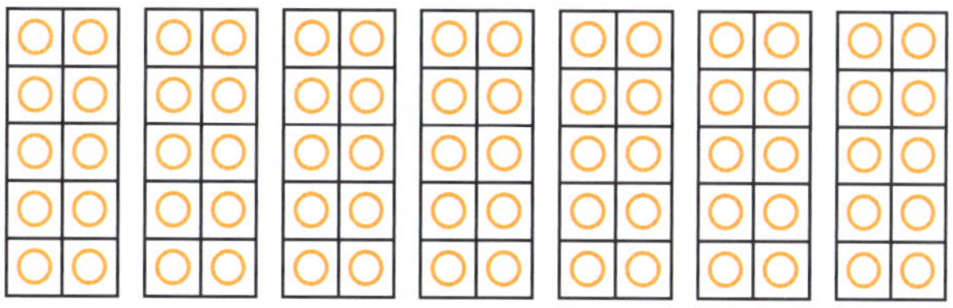

30 − 20 = ☐

学习指引：
可以1个10、1个10地划掉哟！通过以10为模进行计算。

___月___日

二、整十加法和减法

 2 算一算。

第 4 天

90 − 10 = 　　　　80 − 10 =

80 − 70 = 　　　　90 − 20 =

70 − 50 = 　　　　80 − 20 =

40 − 20 = 　　　　50 − 40 =

50 − 30 = 　　　　90 − 70 =

100 − 50 = 　　　　70 − 40 =

90 − 40 = 　　　　80 − 30 =

80 − 40 = 　　　　40 − 30 =

70 − 20 = 　　　　60 − 40 =

___月___日

三、20以内数的不进位加法

数形结合（一）

 画一画，算一算。

示例： 13 + 5 = 18　　　14 + 2 = ☐

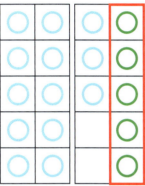　　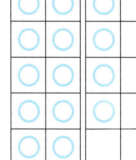

17 + 2 = ☐　　　11 + 7 = ☐

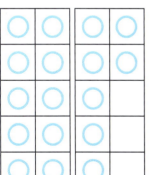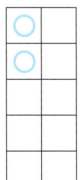　　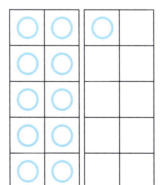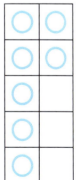

学习指引：
借助十格阵的方法，感受"大数＋小数"的过程，理解加法算式的意义。

三、20以内数的不进位加法

12 + 6 = 　　　　　　13 + 6 =

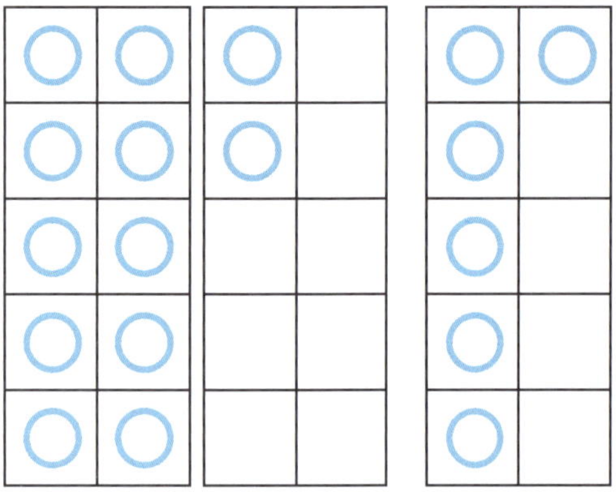

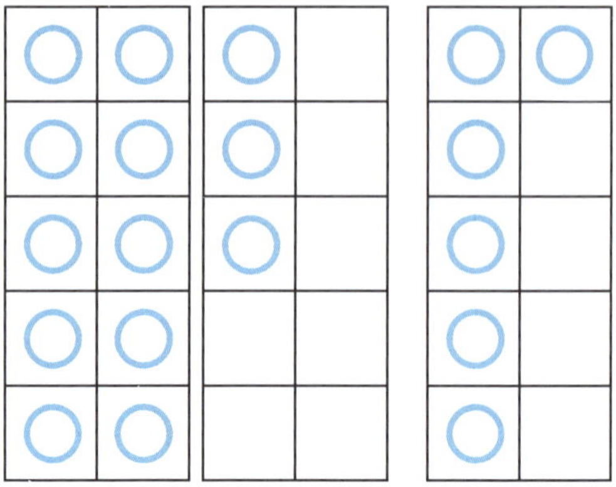

16 + 3 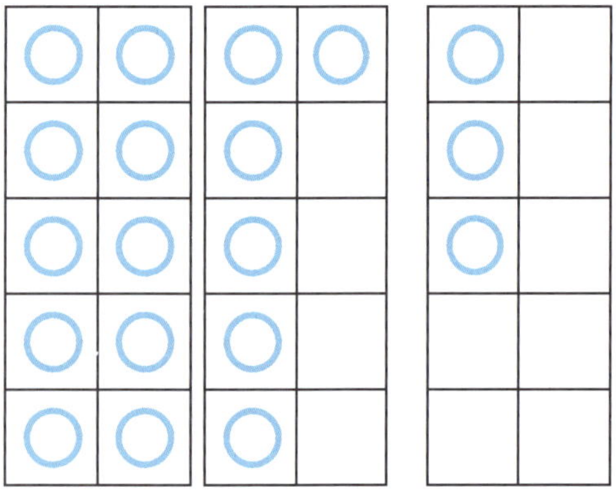 = 　　　　　　15 + 4 =

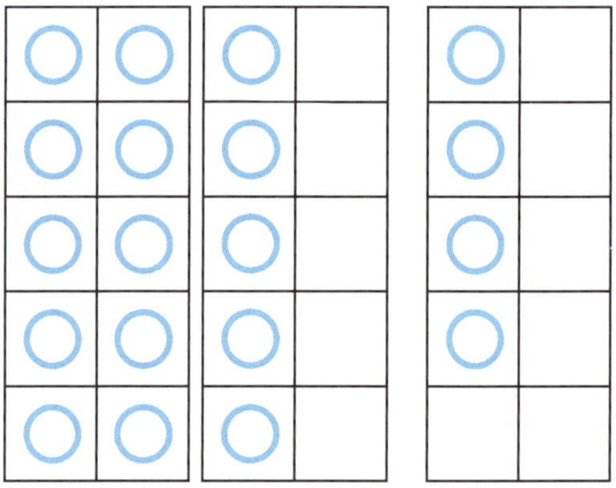

13 + 4 =

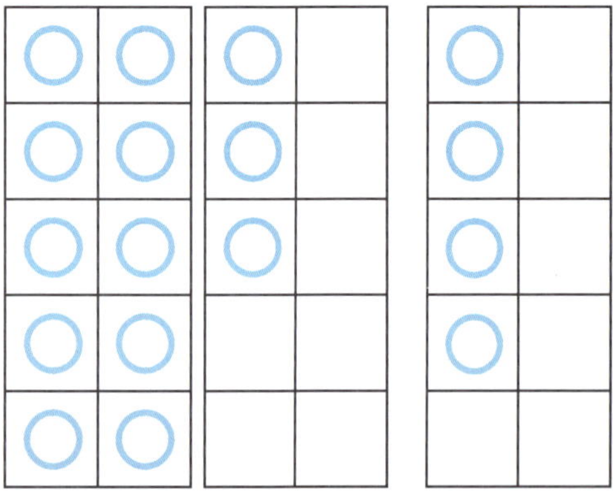

三、20以内数的不进位加法

4 + 12 = ☐   7 + 11 = ☐

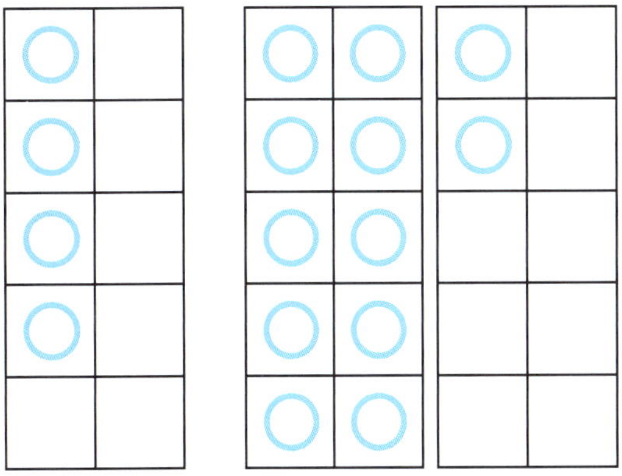

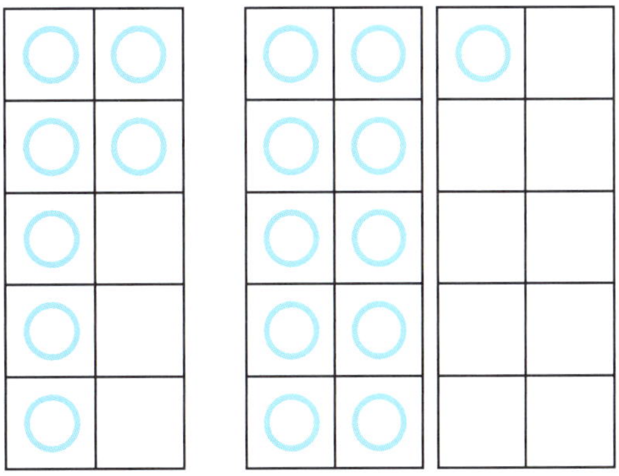

2 + 17 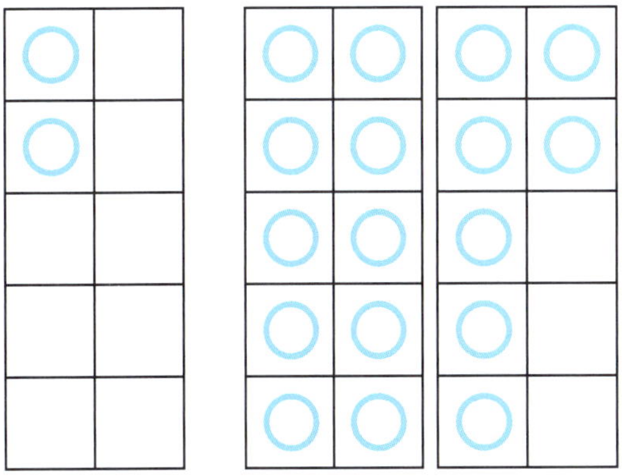 = ☐   3 + 11 = ☐

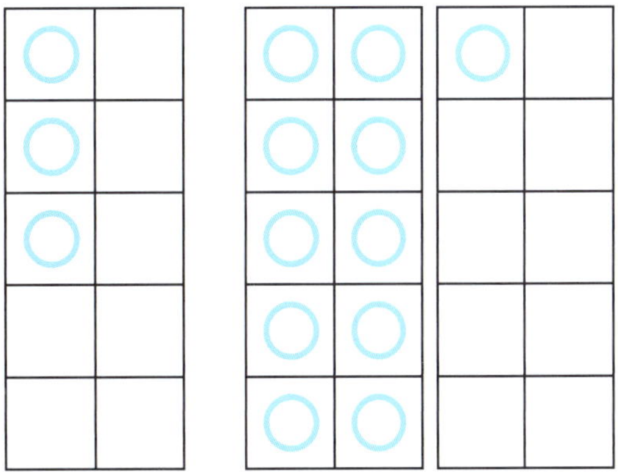

5 + 13 = ☐

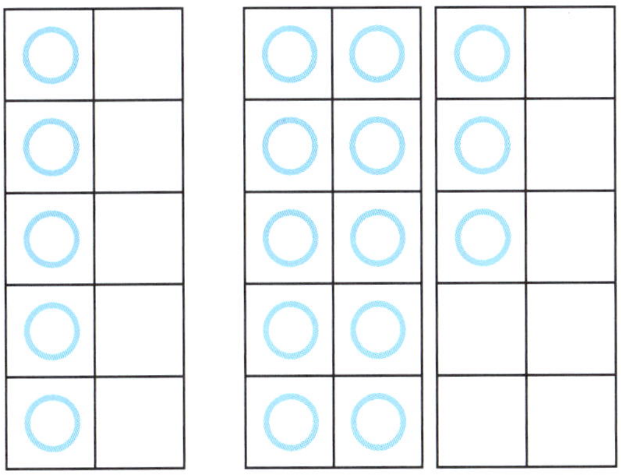

第 5 天

三、20以内数的不进位加法

5 + 12 =   4 + 15 =

6 + 12 =   2 + 16 =

4 + 11 =

___月___日

数形结合（二）

 画一画，算一算。

示例： 11 + 3 = 14   12 + 4 = ☐

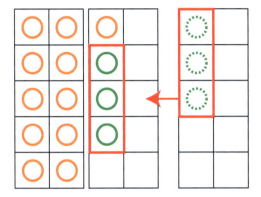 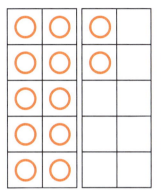 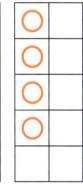

13 + 3 = ☐   15 + 2 = ☐

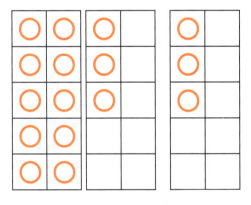 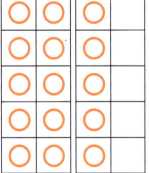 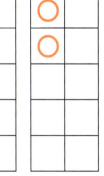

第 6 天

三、20以内数的不进位加法

___月___日

14 + 4 = ☐

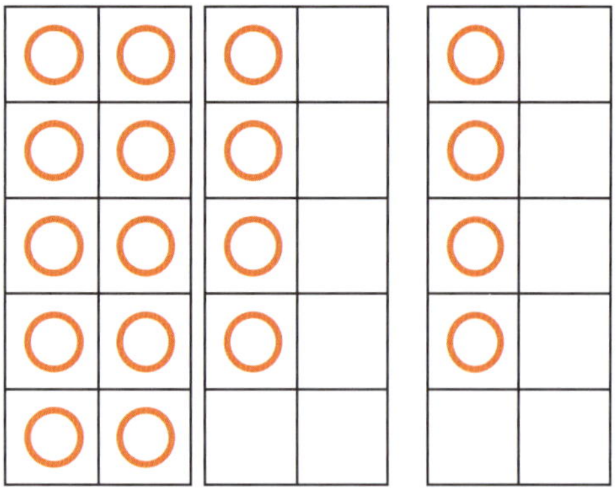

15 + 3 = ☐

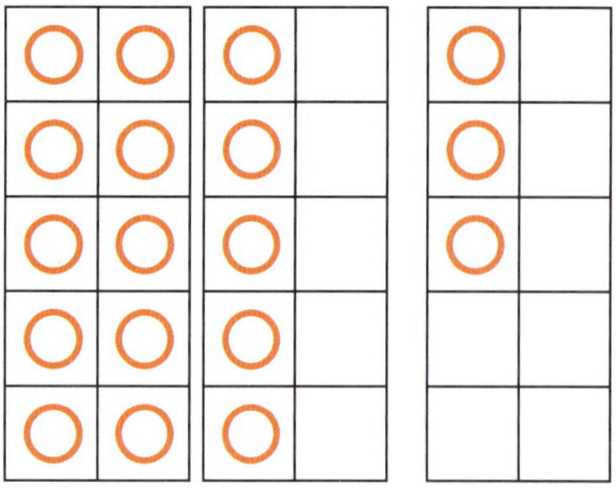

11 + 5 = ☐

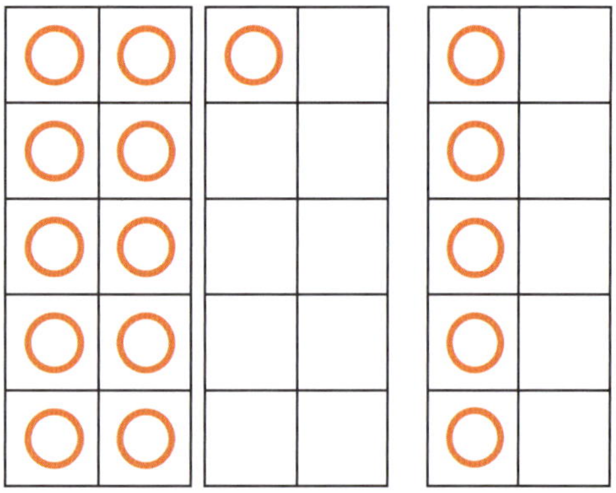

16 + 2 = ☐

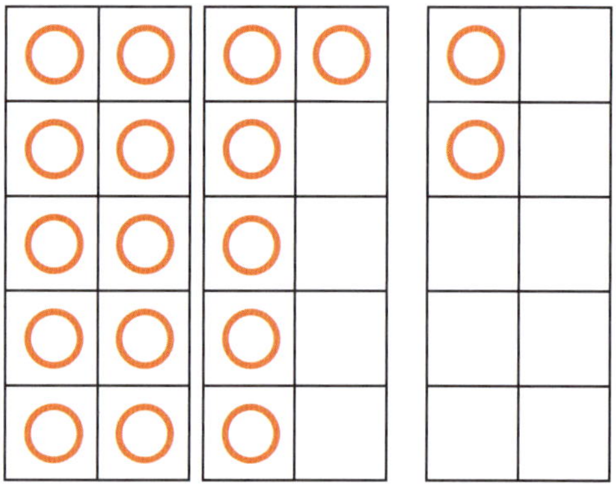

11 + 4 = ☐

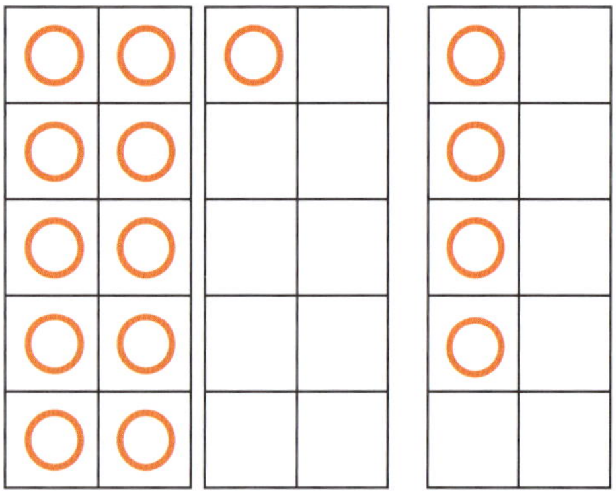

三、20以内数的不进位加法

7 + 12 =   3 + 16 =

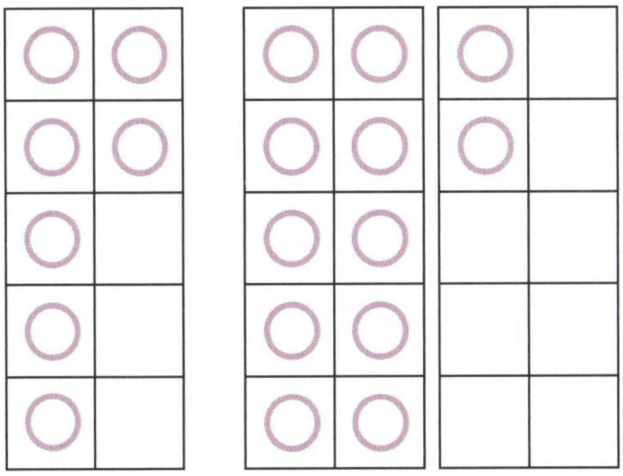

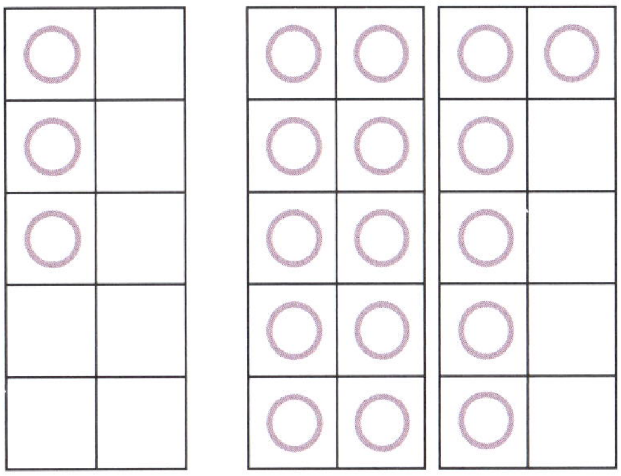

4 + 15 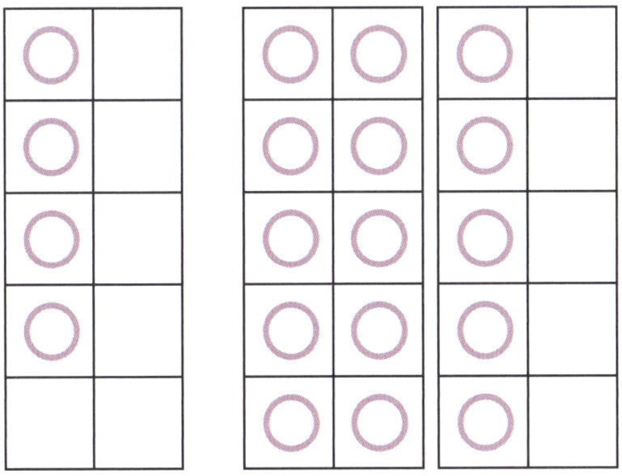 =   6 + 11 =

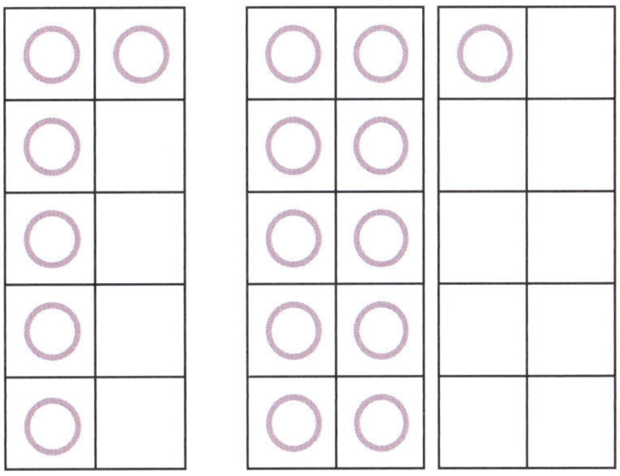

4 + 13 =

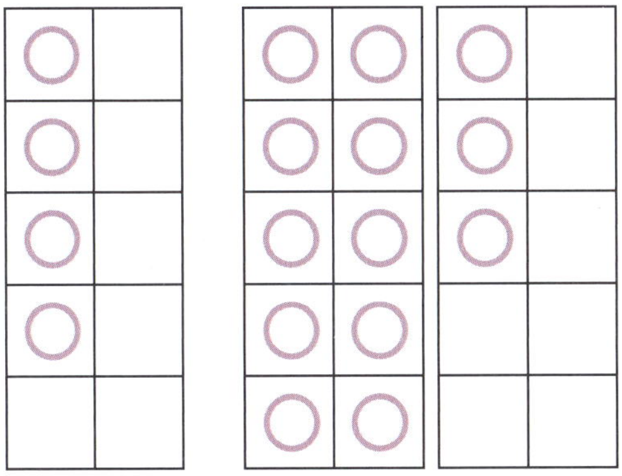

第 6 天

3 + 12 = ☐

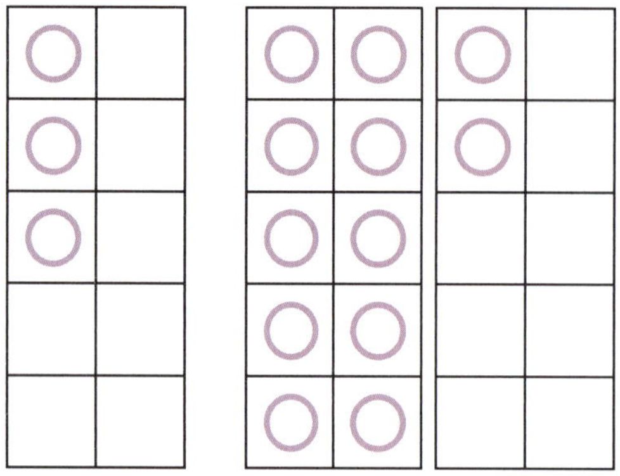

2 + 13 = ☐

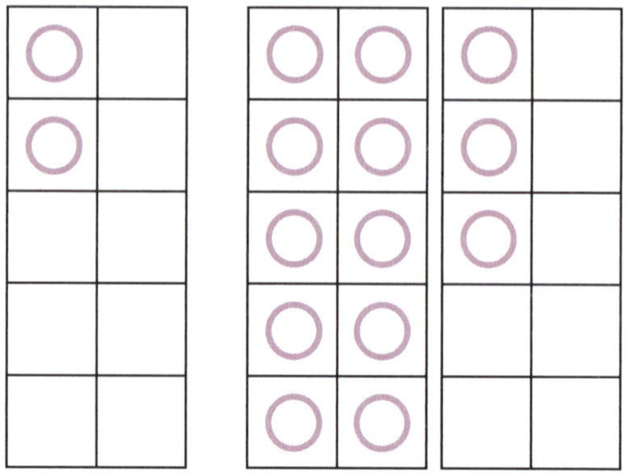

4 + 14 = ☐

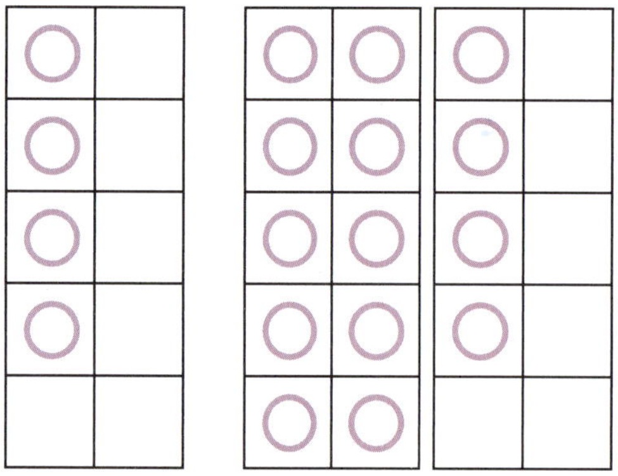

3 + 13 = ☐

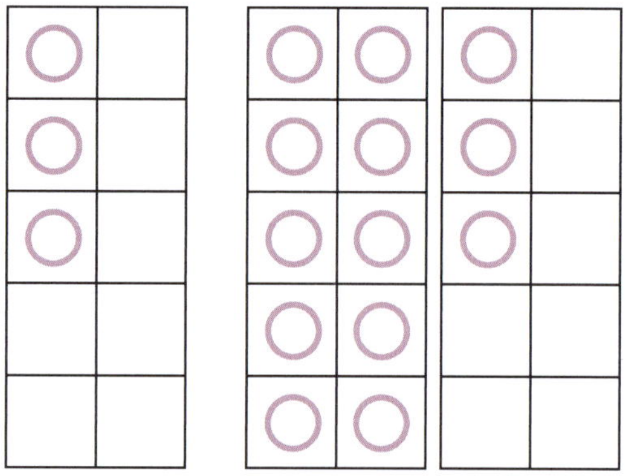

8 + 11 = ☐

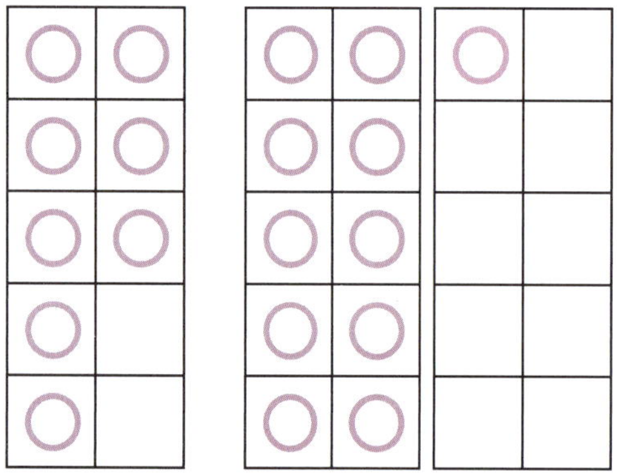

三、20以内数的不进位加法

___月___日

练习（一）

 1 算一算，连一连。

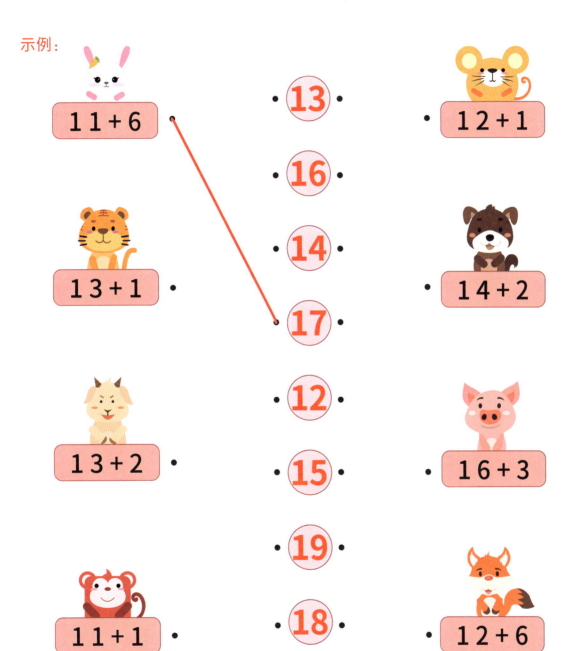

第 7 天

三、20以内数的不进位加法

 2 算一算。

11 + 2 =   11 + 4 =

12 + 4 =   13 + 6 =

13 + 3 =   17 + 2 =

17 + 1 =   13 + 2 =

18 + 1 =   16 + 1 =

13 + 4 =   14 + 5 =

15 + 3 =   12 + 2 =

11 + 3 =   11 + 5 =

12 + 5 =   14 + 3 =

13 + 5 =   16 + 2 =

第 7 天

自我评价：   用时：_____

___月___日

三、20以内数的不进位加法

练习（二）

 1 每只青蛙应该跳到哪片荷叶上呢？连一连。

第 8 天

2 + 11	•	•	17
3 + 14	•	•	13
0 + 16	•	•	19
8 + 11	•	•	16
1 + 13	•	•	18
3 + 15	•	•	15
3 + 12	•	•	14

三、20以内数的不进位加法

 2 算一算。

3 + 11 =   6 + 11 =

2 + 13 =   2 + 17 =

1 + 15 =   5 + 11 =

2 + 16 =   1 + 18 =

1 + 12 =   4 + 12 =

4 + 13 =   4 + 11 =

4 + 14 =   5 + 14 =

2 + 15 =   4 + 15 =

7 + 11 =   2 + 12 =

3 + 13 =   5 + 12 =

自我评价: 用时：_____

三、20以内数的不进位加法

练习（三）

 涂一涂。

第 9 天

三、20以内数的不进位加法

2 算一算。

11 + 3 = 　　　　11 + 7 =

2 + 12 = 　　　　1 + 14 =

4 + 14 = 　　　　1 + 12 =

11 + 6 = 　　　　5 + 14 =

2 + 13 = 　　　　5 + 13 =

13 + 1 = 　　　　2 + 17 =

11 + 8 = 　　　　13 + 6 =

四、20以内数的不退位减法

数形结合

 画一画，算一算。

示例：

17 − 2 = 15

16 − 3 =

18 − 7 =

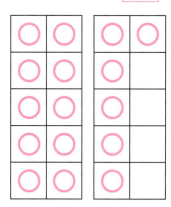

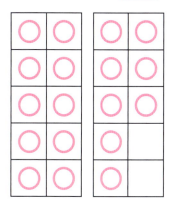

14 − 2 =

12 − 1 =

13 − 2 =

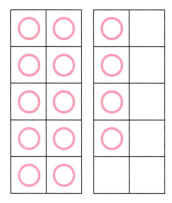

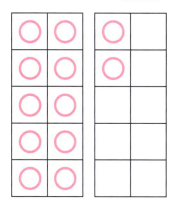

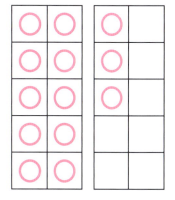

学习指引：
借助十格阵，感受数量减少的过程，体会由具象减少到抽象减少的过程。

四、20以内数的不退位减法

17 − 4 = 18 − 6 = 19 − 5 =

14 − 3 = 12 − 2 = 17 − 3 =

16 − 4 = 18 − 5 = 19 − 6 =

四、20以内数的不退位减法

练习（一）

 算一算，把得数相同的式子连一连吧！

示例：

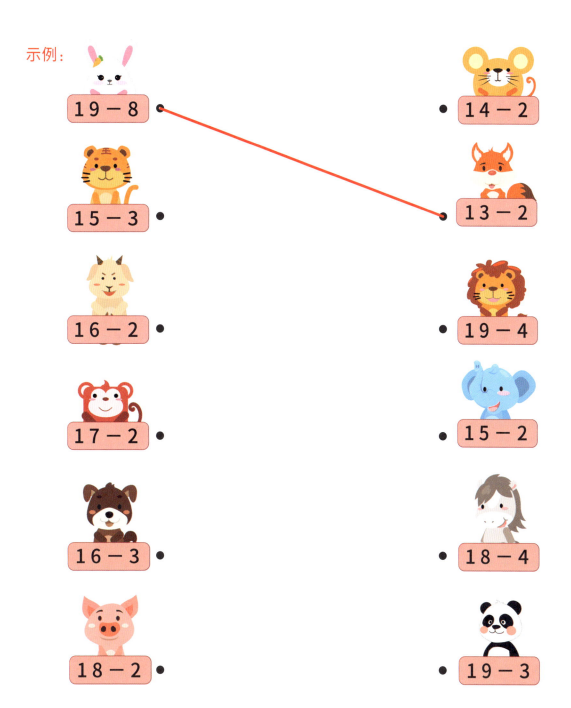

第 11 天

四、20以内数的不退位减法

 2 算一算。

19 −	1	=	
	2		
	3		
	4		
	5		
	6		

18 −	7	=	
	6		
	5		
	4		
	3		
	2		

17 −	6	=	
	5		
	4		
	3		
	2		
	1		

四、20以内数的不退位减法

练习（二）

1 找朋友，算一算，连一连。

示例：

15 − 1 → 14 —— 18 − 4

19 − 3

18 − 2 → 16

17 − 3

19 − 5

17 − 1

14 − 2 → 12

18 − 6

13 − 1

第 12 天

四、20以内数的不退位减法

2 算一算。

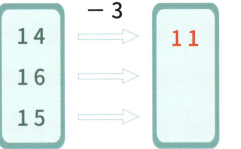
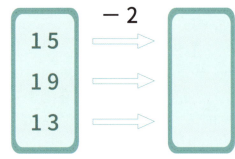
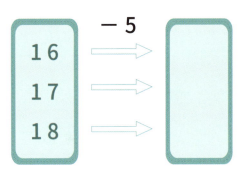
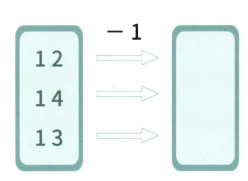
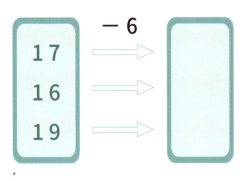
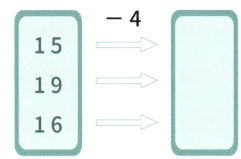

四、20以内数的不退位减法

练习（三）

 算一算。

13 − 2 =
18 − 4 =
16 − 5 =
17 − 4 =
15 − 4 =
14 − 3 =
17 − 3 =
19 − 7 =
17 − 5 =
16 − 2 =
14 − 2 =
16 − 3 =
15 − 3 =
14 − 1 =

18 − 3 =
19 − 3 =
18 − 7 =
17 − 6 =
16 − 1 =
19 − 2 =
15 − 2 =
13 − 1 =
19 − 5 =
18 − 6 =
17 − 1 =
16 − 4 =
19 − 4 =
18 − 5 =

自我评价：   用时：_____

四、20以内数的不退位减法

练习（四）

 算一算。

15 − 4 =　　　15 − 1 =

18 − 7 =　　　18 − 4 =

19 − 6 =　　　19 − 2 =

17 − 5 =　　　17 − 6 =

17 − 2 =　　　13 − 2 =

14 − 1 =　　　14 − 2 =

17 − 4 =　　　19 − 5 =

16 − 2 =　　　16 − 3 =

15 − 2 =　　　17 − 1 =

14 − 3 =　　　16 − 5 =

18 − 6 =　　　15 − 3 =

17 − 3 =　　　17 − 7 =

16 − 1 =　　　19 − 4 =

16 − 4 =　　　18 − 3 =

自我评价：   　　用时：_____

___月___日

五、20以内数的进位加法

分解式（一）

 算一算。

示例：

$9 + 8 = 17$

"凑十法"，几和几可以凑成10呢？

$9 + 7 = \square$

$9 + 6 = \square$ 　　 $9 + 4 = \square$ 　　 $9 + 3 = \square$

$9 + 2 = \square$ 　　 $8 + 7 = \square$ 　　 $8 + 6 = \square$

第15天

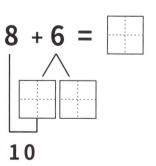

___月___日

五、20以内数的进位加法

8 + 5 = ☐   8 + 4 = ☐   8 + 3 = ☐

10   10   10

7 + 6 = ☐   7 + 5 = ☐   7 + 4 = ☐

10   10   10

6 + 5 = ☐

10

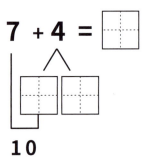

学习指引：
凑十法，很便捷。
拆大数？拆小数？
仔细观察，想一想！
动笔试试，算一算！

五、20以内数的进位加法

分解式（二）

 算一算。

示例：

2 + 9 =

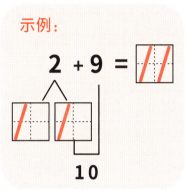

3 + 9 =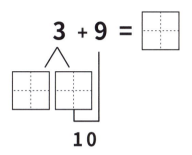

4 + 9 =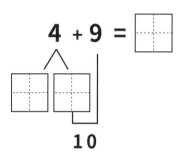

5 + 9 =

6 + 9 =

7 + 9 =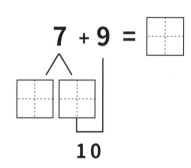

8 + 9 =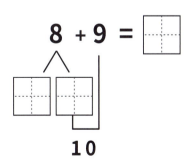

3 + 8 =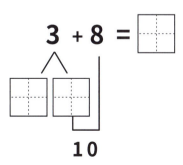

4 + 8 =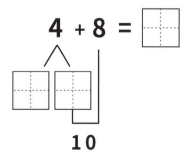

___月___日

五、20以内数的进位加法

5 + 8 =   6 + 8 =   7 + 8 =

6 + 7 =   6 + 8 =   6 + 9 =

5 + 6 =   5 + 7 =   5 + 8 =

学习指引：
两数相加"凑十法"，
拆小数补大数。
仔细想想为什么？

自我评价： 用时：_____

五、20以内数的进位加法

分解式（三）

 算一算。

示例：

$9 + 2 = $ ☐
      10

$8 + 3 = $ ☐
      10

$7 + 4 = $ ☐
      10

$6 + 6 = $ ☐
      10

$9 + 3 = $ ☐
      10

$9 + 6 = $ ☐
      10

$8 + 4 = $ ☐
      10

$7 + 6 = $ ☐
      10

$6 + 5 = $ ☐
      10

第17天

五、20以内数的进位加法

6 + 9 =   3 + 9 =   2 + 9 =

4 + 8 =   8 + 8 =   8 + 9 =

5 + 8 =   4 + 9 =   9 + 9 =

___月___日

五、20以内数的进位加法

分解式（四）

 算一算。

示例：

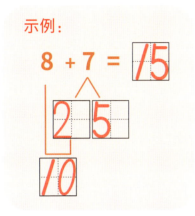

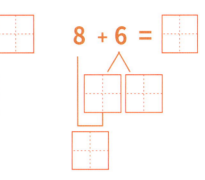

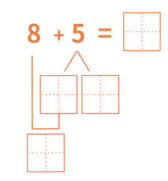

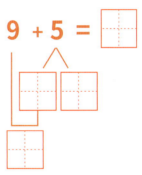

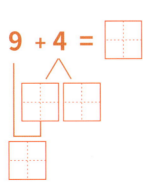

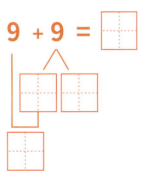

第18天

___月___日

五、20以内数的进位加法

5 + 6 =   6 + 7 =   5 + 7 =

6 + 8 =   7 + 9 =   5 + 9 =

3 + 8 =   4 + 7 =   6 + 6 =

自我评价： 用时：_____

___月___日

练习（一）

 算一算。

9 + | 8 | =
    | 7 |
    | 6 |
    | 5 |
    | 4 |
    | 3 |
    | 2 |

6 + | 5 | =
    | 6 |
    | 7 |
    | 8 |
    | 9 |

8 + | 3 | =
    | 4 |
    | 5 |
    | 6 |
    | 7 |
    | 8 |
    | 9 |

7 + | 9 | =
    | 8 |
    | 7 |
    | 6 |
    | 5 |
    | 4 |

自我评价：   用时：_____

__月__日

五、20以内数的进位加法

练习（二）

 1 算一算，连一连。

8 + 9	17
7 + 6	12
5 + 7	13
6 + 8	15
7 + 8	16
8 + 8	14
5 + 6	18
9 + 9	11
19 + 1	20

五、20以内数的进位加法

 2 算一算。

7 + 7 = 　　6 + 5 =

9 + 7 = 　　7 + 9 =

7 + 4 = 　　9 + 3 =

8 + 6 = 　　8 + 4 =

9 + 8 = 　　9 + 5 =

7 + 5 = 　　6 + 7 =

5 + 8 = 　　9 + 2 =

9 + 4 = 　　6 + 6 =

8 + 3 = 　　9 + 6 =

8 + 5 = 　　8 + 7 =

第20天

自我评价：   　　用时：_____

___月___日

练习（三）

 算一算。

7 + 5 =   9 + 9 =

2 + 9 =   5 + 7 =

5 + 8 =   6 + 6 =

8 + 7 =   8 + 3 =

3 + 8 =   3 + 9 =

9 + 6 =   9 + 2 =

6 + 9 =   4 + 7 =

4 + 9 =   5 + 9 =

7 + 8 =   8 + 6 =

9 + 3 =   7 + 7 =

8 + 4 =   8 + 8 =

9 + 8 =   5 + 6 =

练习（四）

 算一算。

9 + 8 =   9 + 6 =

4 + 7 =   6 + 5 =

8 + 7 =   9 + 3 =

3 + 9 =   8 + 9 =

7 + 6 =   7 + 7 =

5 + 6 =   9 + 2 =

7 + 9 =   8 + 4 =

7 + 5 =   7 + 8 =

6 + 8 =   9 + 4 =

8 + 8 =   7 + 4 =

9 + 9 =   5 + 8 =

6 + 9 =   9 + 5 =

自我评价： 用时：_____

___月___日

练习（五）

 算一算。

9 + 9 =   4 + 7 =

7 + 6 =   9 + 4 =

5 + 7 =   6 + 7 =

8 + 9 =   9 + 8 =

5 + 8 =   6 + 5 =

7 + 4 =   5 + 9 =

8 + 5 =   7 + 5 =

7 + 9 =   6 + 6 =

9 + 2 =   8 + 8 =

3 + 9 =   9 + 7 =

7 + 8 =   2 + 9 =

8 + 6 =   7 + 7 =

练习（六）

 算一算。

9 + 2 =　　　　5 + 6 =

3 + 8 =　　　　4 + 7 =

4 + 9 =　　　　8 + 4 =

6 + 5 =　　　　9 + 6 =

7 + 7 =　　　　8 + 9 =

3 + 9 =　　　　9 + 3 =

9 + 5 =　　　　7 + 4 =

5 + 8 =　　　　9 + 9 =

9 + 7 =　　　　6 + 9 =

7 + 8 =　　　　2 + 9 =

7 + 9 =　　　　9 + 4 =

8 + 8 =　　　　6 + 6 =

自我评价：   　　用时：

六、20以内数的退位减法

分解式（一）

 算一算。

示例：

11 − 9 = 2
∧
1 10

破十法：
可以用分解出的10先进行减法计算。

12 − 9 = ☐
∧
2 10

13 − 9 = ☐
∧
3 10

14 − 9 = ☐
∧
4 10

15 − 9 = ☐
∧
5 10

16 − 9 = ☐
∧
6 10

17 − 9 = ☐
∧
7 10

18 − 9 = ☐
∧
8 10

11 − 8 = ☐
∧
1 10

学习指引：
"破十法"是一种简便的计算方法。

___月___日

六、20以内数的退位减法

$12 - 8 =$ ☐ $13 - 8 =$ ☐ $14 - 8 =$ ☐
 2 10   3 10   4 10

$15 - 8 =$ ☐ $16 - 8 =$ ☐ $17 - 8 =$ ☐
 5 10   6 10   7 10

$11 - 7 =$ ☐ $12 - 7 =$ ☐ $13 - 7 =$ ☐
 1 10   2 10   3 10

第25天

自我评价: 用时:_____

分解式（二）

 算一算。

示例：

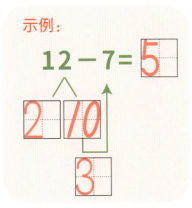

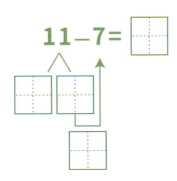

11−7=

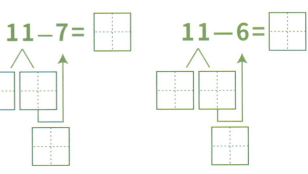

11−6=

12−6=

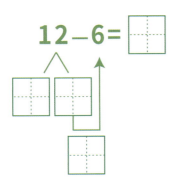

13−6=

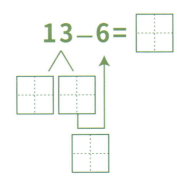

14−6=

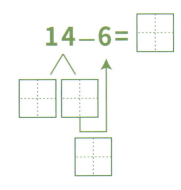

15−6=

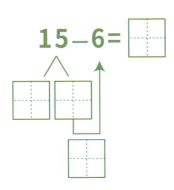

11−5=

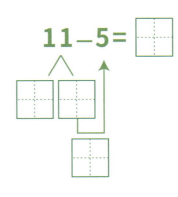

12−5=

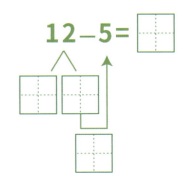

六、20以内数的退位减法

___月___日

13−5= 　　　14−5= 　　　11−4=

12−4= 　　　13−4= 　　　11−3=

12−3= 　　　11−2=

太棒了！

第26天

自我评价： 用时：_____

六、20以内数的退位减法

分解式（三）

 算一算。

示例：
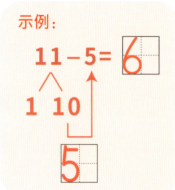

17−9＝☐
∧
7 10
↓
☐

16−7＝☐
∧
6 10
↓
☐

11−9＝☐
∧
1 10
↓
☐

18−9＝☐
∧
8 10
↓
☐

12−5＝☐
∧
2 10
↓
☐

11−7＝☐
∧
1 10
↓
☐

12−9＝☐
∧
2 10
↓
☐

13−7＝☐
∧
3 10
↓
☐

六、20以内数的退位减法

___月___日

17−8=

13−4=

14−6=

11−6=

12−7=

13−6=

14−7=

16−8=

自我评价：

用时：_____

第27天

六、20以内数的退位减法

___月___日

分解式（四）

 算一算。

示例：

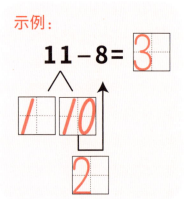

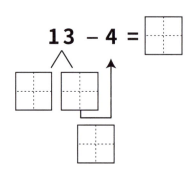

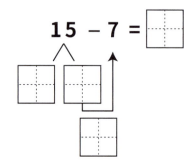

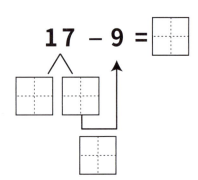

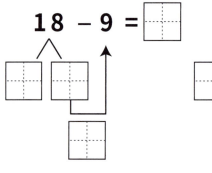

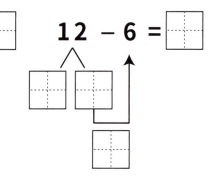

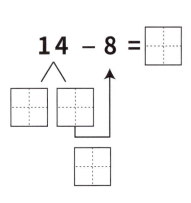

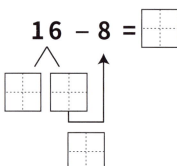

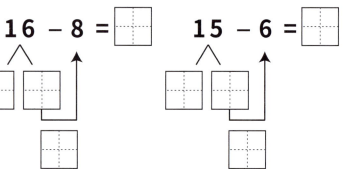

六、20以内数的退位减法

11 − 9 =   12 − 4 =   14 − 5 =

13 − 6 =   16 − 7 =   15 − 8 =

17 − 8 =   14 − 7 =

学习指引：
"破十法"是一种简便的计算方法，可以从十几中先分解出1个十做减法。

第28天

____月____日

六、20以内数的退位减法

练习（一）

 1. 算一算，连一连。

13 − 8 · · 6

14 − 8 · · 5

13 − 9 · · 9

15 − 8 · · 7

17 − 8 · · 4

11 − 9 · · 2

14 − 8 · · 3

16 − 8 · · 6

11 − 8 · · 8

第29天

___月___日

六、20以内数的退位减法

 2 算一算。

$11 - \begin{array}{|c|}\hline 9 \\\hline 8 \\\hline 7 \\\hline 6 \\\hline 5 \\\hline 4 \\\hline 3 \\\hline 2 \\\hline\end{array} = \begin{array}{|c|}\hline \\\hline \\\hline \\\hline \\\hline \\\hline \\\hline \\\hline \\\hline\end{array}$

$12 - \begin{array}{|c|}\hline 3 \\\hline 4 \\\hline 5 \\\hline 6 \\\hline 7 \\\hline 8 \\\hline 9 \\\hline\end{array} = \begin{array}{|c|}\hline \\\hline \\\hline \\\hline \\\hline \\\hline \\\hline\end{array}$

第29天

自我评价：   用时：_____

六、20以内数的退位减法

练习（二）

 算一算，连一连。

15 − 8

11 − 6

12 − 5

13 − 6

14 − 9

11 − 7

12 − 7

12 − 8

13 − 9

 7

 5

 4

练习（三）

 算一算。

11 − 9 = 　　11 − 8 =
17 − 8 = 　　12 − 5 =
18 − 9 = 　　15 − 8 =
11 − 7 = 　　14 − 6 =
12 − 3 = 　　14 − 7 =
14 − 5 = 　　15 − 9 =
13 − 4 = 　　16 − 8 =
16 − 7 = 　　14 − 8 =
17 − 9 = 　　13 − 7 =
13 − 5 = 　　11 − 4 =
11 − 6 = 　　12 − 6 =
12 − 4 = 　　11 − 3 =
11 − 5 = 　　13 − 8 =
13 − 6 = 　　14 − 9 =

自我评价：   　　用时：_____

六、20以内数的退位减法

练习（四）

 算一算。

12 − 8 =　　　　　11 − 8 =

11 − 9 =　　　　　14 − 8 =

13 − 7 =　　　　　13 − 9 =

17 − 8 =　　　　　12 − 5 =

18 − 9 =　　　　　15 − 7 =

14 − 5 =　　　　　16 − 9 =

11 − 7 =　　　　　17 − 9 =

13 − 8 =　　　　　16 − 7 =

12 − 7 =　　　　　14 − 7 =

14 − 6 =　　　　　15 − 8 =

15 − 6 =　　　　　12 − 4 =

16 − 8 =　　　　　11 − 5 =

11 − 6 =　　　　　12 − 3 =

12 − 6 =　　　　　13 − 6 =

自我评价： 用时：_____

六、20以内数的退位减法

练习（五）

 算一算。

11 − 9 = 　　11 − 8 =
17 − 8 = 　　12 − 5 =
12 − 7 = 　　12 − 8 =
15 − 6 = 　　13 − 5 =
17 − 9 = 　　16 − 9 =
11 − 7 = 　　12 − 4 =
18 − 9 = 　　11 − 6 =
16 − 7 = 　　14 − 7 =
16 − 8 = 　　15 − 7 =
12 − 3 = 　　14 − 8 =
12 − 6 = 　　13 − 6 =
13 − 4 = 　　14 − 9 =
20 − 6 = 　　15 − 8 =
13 − 8 = 　　13 − 7 =

自我评价：   　　用时：_____

练习（六）

 算一算。

14 − 6 =　　　　　11 − 9 =

13 − 4 =　　　　　11 − 5 =

17 − 8 =　　　　　12 − 4 =

18 − 9 =　　　　　13 − 6 =

11 − 8 =　　　　　14 − 7 =

15 − 6 =　　　　　16 − 8 =

14 − 5 =　　　　　14 − 9 =

13 − 5 =　　　　　15 − 8 =

11 − 7 =　　　　　11 − 4 =

12 − 3 =　　　　　12 − 5 =

11 − 6 =　　　　　13 − 7 =

14 − 8 =　　　　　16 − 9 =

15 − 7 =　　　　　11 − 3 =

16 − 7 =　　　　　12 − 6 =

七、亲子小游戏

游戏名称

凑十对对碰

游戏目的

通过有趣的游戏形式，练习凑10。

游戏人数

2人

准备材料

4组1~9的数字卡牌（如4组1~9的扑克牌），共36张。

游戏说明

1. 把36张卡牌打乱顺序，然后叠放在一起，将有数字的一面朝下，放在桌上。

2. 2人轮流从桌上拿1张卡牌，在桌上展示出带有数字的一面，所有卡牌排成一列，如图：

 1
 2

3. 玩家在展示卡牌时，发现与已展示出的卡牌可以凑成10，则可以拿走2张卡牌以及中间所有的卡牌，如图：

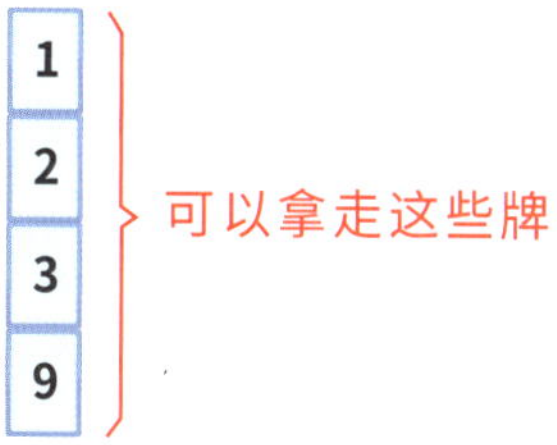

 1
 2 ⎫
 3 ⎬ 可以拿走这些牌
 9 ⎭

4. 最后谁拿走的卡牌多，谁就取得了最终的胜利。

自我评价：　　　　　　　　用时：_____

八、拼图游戏

剪裁卡片,开启神秘之旅!

重组卡片，召唤神秘惊喜！

九、成长记录

日期	用时	收获

日期	用时	收获

九、成长记录

十、答案

P1-6 42

39、77

34、68

47、48、56

85、31

88、44

P7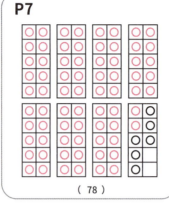
(78)

P8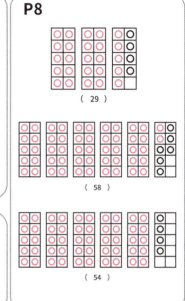
(29)
(58)
(54)

P9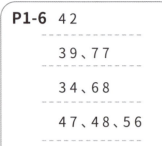
(39)
(94)

P10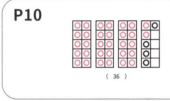
(36)
(66)

P11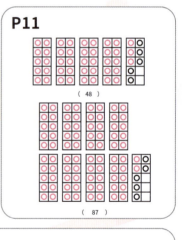
(48)
(87)

P12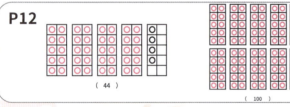
(44)
(100)

P13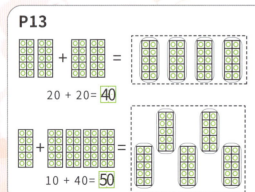

20 + 20 = 40

10 + 40 = 50

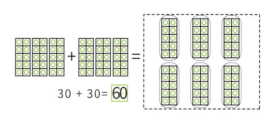

30 + 30 = 60

十、答案

P14
30、90
40、80
50、90
70、50
90、80
90、80
70、80
60、80
60、50

P15
20、10、60、10

P17-18
16、19、18
18、19、19、19、17

P16
80、70
10、70
20、60
20、10
20、20
50、30
50、50
40、10
50、20

P19-20
16、18、19、14、18
17、19、18、18、15

P21-22
16、16、17
18、18、16、18、15

P23-24
19、19、19、17、17
15、15、18、16、19

P25
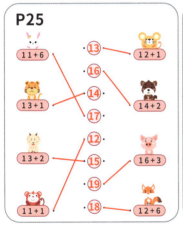

P26
13、15
16、19
16、19
18、15
19、17
17、19
18、14
14、16
17、17
18、18

P27
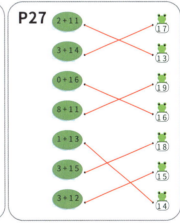

P28
14、17
15、19
16、16
18、19
13、16
17、15
18、19
17、19
18、14
16、17

P29

十、答案

P30
14、18
14、15
18、13
17、19
15、18
14、19
19、19

P31-32
13、11、12、11、11
13、12、14
11、10、14
12、13、13

P33
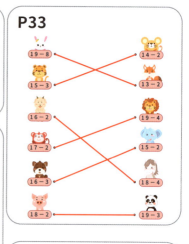

P34
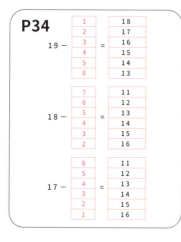

P35
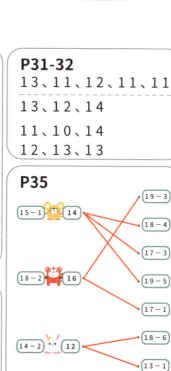

P36

P37
11、15
14、16
11、11
13、11
11、15
11、17
14、13
12、12
12、14
14、12
12、16
13、12
12、15
13、13

P38
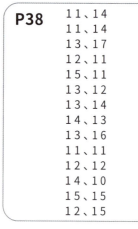
11、14
11、14
13、17
12、11
15、11
13、12
13、14
14、13
13、16
11、11
12、12
14、10
15、15
12、15

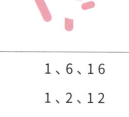

P39
1、5、15   1、3、13   1、6、16
                              1、2、12
1、1、11   2、5、15   2、4、14

P40
2、3、13   2、2、12   2、1、11
3、3、13   3、2、12   3、1、11
4、1、11

P41
2、1、12   3、1、13
4、1、14   5、1、15   6、1、16
7、1、17   1、2、11   2、2、12

十、答案

P42
3、2、13   4、2、14   5、2、15
3、3、13   4、2、14   5、1、15
1、4、11   2、3、12   3、2、13

P43
　　　　　　2、1、11   3、1、11
4、2、12   1、2、12   1、5、15
2、2、12   3、3、13   4、1、11

P44
5、1、10、15   2、1、10、12   1、1、10、11
2、2、10、12   6、2、10、16   7、1、10、17
3、2、10、13   3、1、10、13   8、1、10、18

P45
　　　　　　　　1、6、10、16   2、4、10、14
3、2、10、12   2、3、10、13   1、4、10、14
1、7、10、17   1、3、10、13   1、8、10、18

P46
1、4、10、11   3、3、10、13   2、3、10、12
4、2、10、14   6、1、10、16   4、1、10、14
1、2、10、11   1、3、10、11   2、4、10、12

P47
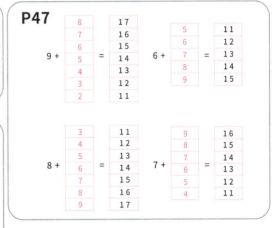

P48
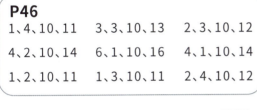

P49
14、11
16、16
11、12
14、12
17、14
12、13
13、11
13、12
11、15
13、15

P50
12、18
11、12
13、12
15、11
11、12
15、11
15、11
13、14
15、14
12、14
12、16
17、11

P51
17、15
11、11
15、12
12、17
13、14
11、11
16、12
12、15
14、13
16、11
18、13
15、14

P52
18、11
13、13
12、13
17、17
13、11
11、14
13、12
16、12
11、16
12、16
15、11
14、14

79

十、答案

P53
11、11
11、11
13、12
11、15
14、17
12、12
14、11
13、18
16、15
15、11
16、13
16、12

P54
1、3　　1、4　　1、5
1、6　　1、7　　1、8
1、9　　2、3

P55
2、4　　2、5　　2、6
2、7　　2、8　　2、9
3、4　　3、5　　3、6

P56
答案顺序依次为 11-7=4, 1, 10, 3
1、10、3、4
2、10、4、6
5、10、4、9
1、10、4、5
3、10、4、7
1、10、5、6
4、10、4、8
2、10、5、7

P57
3、10、5、8　　4、10、5、9　　1、10、6、7
2、10、6、8　　3、10、6、9　　1、10、7、8
2、10、7、9　　1、10、8、9

P58
1、8　　3、9
1、2　　1、9　　5、7
3、4　　1、3　　3、6

P59
7、10、2、9　　3、10、6、9　　4、10、4、8
1、10、4、5　　2、10、3、5　　3、10、4、7
4、10、3、7　　6、10、2、8

P60
3、10、6、9　　5、10、3、8
7、10、1、8　　8、10、1、9　　2、10、4、6
4、10、2、6　　6、10、2、8　　5、10、4、9

P61
1、10、1、2　　2、10、6、8　　4、10、5、9
3、10、4、7　　6、10、3、9　　5、10、2、7
7、10、2、9　　4、10、3、7

P62
13-8 → 5
14-8 → 6
13-9 → 4
15-8 → 7
17-8 → 9
11-9 → 2
14-8 → 6
16-8 → 8
11-8 → 3

P63
11 − {9,8,7,6,5,4,3,2} = {2,3,4,5,6,7,8,9}
12 − {3,4,5,6,7,8,9} = {9,8,7,6,5,4,3}

十、答案

P64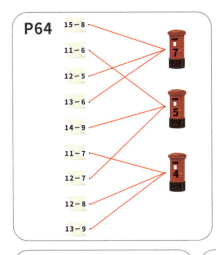

P65
2、3
9、7
9、7
4、8
9、7
9、6
9、8
9、6
8、6
8、7
5、6
8、8
6、5
7、5

P66
4、3
2、6
6、4
9、7
9、8
9、7
4、8
5、9
5、7
8、7
9、8
8、6
5、9
6、7

P67
2、3
9、7
5、4
9、8
8、7
4、8
9、5
9、7
8、8
9、6
6、7
9、5
14、7
5、6

P68
8、2
9、6
9、8
9、7
3、7
9、8
9、5
8、7
4、7
9、7
5、6
6、7
8、8
9、6

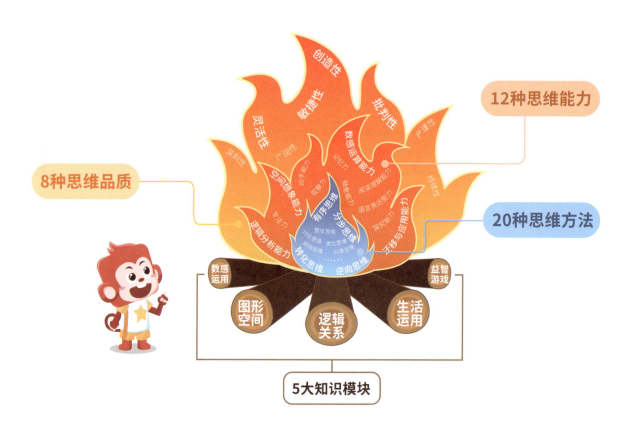

4级 进阶提升（贴纸）

第13页

奖励贴纸

20以内数感大贯通

火花数感分级培养

第四级

火花思维研发中心 编

清华大学出版社
北京

版权所有，侵权必究。举报：010-62782989，beiqinquan@tup.tsinghua.edu.cn。

图书在版编目（CIP）数据

火花数感分级培养. 第四级：20以内数感大贯通 / 火花思维研发中心编. — 北京：清华大学出版社，2021.1（2024.3重印）

ISBN 978-7-302-56634-2

Ⅰ. ①火⋯ Ⅱ. ①火⋯ Ⅲ. ①数学课 – 学前教育 – 教学参考资料 Ⅳ. ① G613.4

中国版本图书馆 CIP 数据核字 (2020) 第 194263 号

责任编辑：张　宇
封面设计：马术明
责任校对：赵丽敏
责任印制：宋　林

出版发行：清华大学出版社
　　　网　　址：https://www.tup.com.cn，https://www.wqxuetang.com
　　　地　　址：北京清华大学学研大厦 A 座　　　邮　编：100084
　　　社 总 机：010-83470000　　　邮　购：010-62786544
　　　投稿与读者服务：010-62776969，c-service@tup.tsinghua.edu.cn
　　　质量反馈：010-62772015，zhiliang@tup.tsinghua.edu.cn
印 装 者：小森印刷（北京）有限公司
经　　销：全国新华书店
开　　本：185mm×260mm　　　总印张：16　　　插　页：2
版　　次：2021 年 1 月第 1 版　　　印　次：2024 年 3 月第 13 次印刷
定　　价：65.00 元（全三册）

产品编号：089686-02

目录

- 一、连加 1
- 二、连减 5
- 三、加减混合运算 9
- 四、加法推算 11
- 五、减法推算 26
- 六、巧算 41
- 七、综合测试 53
- 八、拼图游戏 59
- 九、成长记录 62
- 十、答案 64

一、连加

（一）

 算一算，连一连。（8分钟完成）

示例：

算式		答案
1+8+5	·	· 15
6+1+10	·	· 17
13+1+1	·	· 14
8+3+8	·	· 18
3+8+7	·	· 19
3+2+11	·	· 16

6+2+5	·	· 12
5+4+8	·	· 18
2+3+13	·	· 17
5+3+4	·	· 13
1+4+14	·	· 5
2+1+2	·	· 19

一、连加

第1天

3+2+8 •	• 18
6+11+1 •	• 13
3+9+2 •	• 16
5+2+1 •	• 17
6+9+2 •	• 8
5+7+4 •	• 14
1+12+1 •	• 15
1+9+5 •	• 14
1+8+11 •	• 18
12+5+1 •	• 20
5+13+1 •	• 11
4+3+4 •	• 19

自我评价： 用时：_____

一、连加

第 2 天

（二）

 算一算。（10分钟完成）

示例：

1	+1 →	2	+2 →	4
2	→	3	→	5
3	→	4	→	6

2	+2 →		+4 →	
3	→		→	
1	→		→	

4	+3 →		+6 →	
2	→		→	
3	→		→	

1	+5 →		+1 →	
3	→		→	
6	→		→	

2	+7 →		+2 →	
4	→		→	
6	→		→	

3	+4 →		+7 →	
5	→		→	
7	→		→	

2	+9 →		+1 →	
1	→		→	
3	→		→	

一、连加

第 2 天

7 →+5→ □ →+2→ □	4 →+3→ □ →+7→ □
6 → →	7 → →
5 → →	9 → →

2 →+8→ □ →+3→ □	9 →+1→ □ →+2→ □
4 → →	8 → →
7 → →	7 → →

11 →+1→ □ →+2→ □	12 →+3→ □ →+2→ □
12 → →	13 → →
13 → →	14 → →

14 →+2→ □ →+1→ □	15 →+4→ □ →+1→ □
15 → →	14 → →
16 → →	13 → →

二、连减

（一）

 算一算。（10分钟完成）

第 3 天

示例：

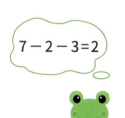

7−2−3=2

7	8	6	5	3	9	4	10
2	3	2	2	1	3	2	6
3	2	3	1	1	2	1	3
2	3	1	2	1	4	1	1

示例：

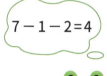

7−1−2=4

7	9	12	14	10	11	8	15
1	4	8	5	7	6	4	5
2	4	3	7	2	3	2	6
4	1	1	2	1	2	2	4

从上往下数，第1行的数减去第2行的数再减去第3行的数，计算填表。

二、连减

第 3 天

7－1－5=1

7	15	19	20	17	16	15	9
1	5	11	9	4	10	2	5
5	7	2	10	7	5	11	2
1							

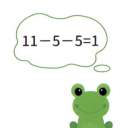

11－5－5=1

11	12	13	14	15	16	17	18
5	2	4	2	6	9	6	4
5	3	5	7	8	5	1	5
1							

自我评价： 用时：_____

（二）

 算一算，连一连。（5分钟完成）

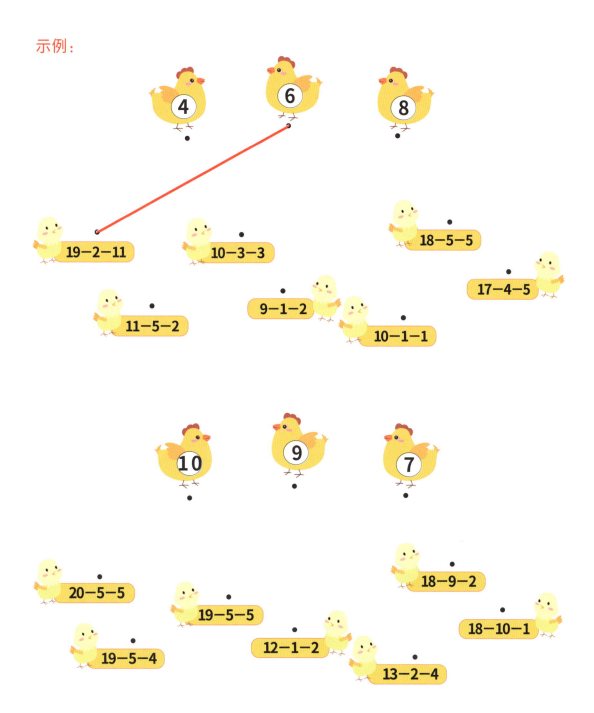

二、连减

2 算一算。（5分钟完成）

11 − 4 − 4 =   　　11 − 1 − 5 =

13 − 4 − 4 =   　　17 − 8 − 3 =

20 − 9 − 4 =   　　12 − 5 − 3 =

17 − 9 − 5 =   　　16 − 3 − 4 =

15 − 7 − 7 =   　　15 − 5 − 9 =

19 − 9 − 7 =   　　19 − 2 − 3 =

18 − 10 − 3 = 　　19 − 3 − 3 =

17 − 6 − 1 =   　　20 − 7 − 3 =

20 − 8 − 1 =   　　18 − 7 − 4 =

16 − 1 − 9 =   　　17 − 2 − 5 =

自我评价：   　　用时：_____

___月___日

三、加减混合运算

 算一算，涂一涂。（5分钟完成）

🖍 **10**　🖍 **12**　🖍 **15**　🖍 **18**

12－3＋1
15＋2－7
16＋4－8
14－3＋1
10＋4－2
14＋2－1
15＋5－2
14＋5－1
20－3＋1
14＋3－5
19－2＋1
16－4＋3

学习指引：
在趣味解答中，考察计算能力及对应思维。

三、加减混合运算

2 算一算。（5分钟完成）

示例：$10 \xrightarrow{+10} \boxed{20} \xrightarrow{-1} \boxed{19}$

$20 \xrightarrow{-8} \Box \xrightarrow{-7} \Box \xrightarrow{+9} \Box \xrightarrow{+3} \Box \xrightarrow{-9} \Box \xrightarrow{+2} \Box$

$19 \xrightarrow{-1} \Box \xrightarrow{+2} \Box \xrightarrow{-7} \Box \xrightarrow{+3} \Box \xrightarrow{-9} \Box \xrightarrow{+7} \Box$

$10 \xrightarrow{+2} \Box \xrightarrow{+2} \Box \xrightarrow{-7} \Box \xrightarrow{+8} \Box \xrightarrow{-3} \Box \xrightarrow{-8} \Box$

$7 \xrightarrow{+1} \Box \xrightarrow{+9} \Box \xrightarrow{+3} \Box \xrightarrow{-10} \Box \xrightarrow{+2} \Box \xrightarrow{-9} \Box$

$13 \xrightarrow{+2} \Box \xrightarrow{-9} \Box \xrightarrow{+6} \Box \xrightarrow{-7} \Box \xrightarrow{+5} \Box \xrightarrow{+9} \Box$

$7 \xrightarrow{+7} \Box \xrightarrow{-6} \Box \xrightarrow{+8} \Box \xrightarrow{+4} \Box \xrightarrow{-5} \Box \xrightarrow{+4} \Box$

自我评价：   用时：_____

___月 ___日

四、加法推算

一步推算——求部分（一）

1 看一看，想一想。

$$8 + \boxed{} = 12$$

方法一：分解式

```
    12
    /\
   8  4
```

方法二：凑十法

$$8 + \boxed{4} = 12$$

① (2) (2) ③
   10
        ②
      12

方法三：总数和部分关系

总数 — 部分 = 另一部分

$$12 - 8 = \boxed{4}$$

所以 $8 + \boxed{4} = 12$

学习指引：
每位小朋友的认知不同，可选择适合自己的方法进行理解。由掌握一种方法开始，过渡到多种方法的贯通。

第 6 天

四、加法推算

2 算一算。（7分钟完成）

8 + ☐ = 16   6 + ☐ = 14
7 + ☐ = 11   8 + ☐ = 15
6 + ☐ = 12   9 + ☐ = 17
3 + ☐ = 11   7 + ☐ = 14
2 + ☐ = 11   5 + ☐ = 12
4 + ☐ = 13   4 + ☐ = 12
5 + ☐ = 11   7 + ☐ = 15
6 + ☐ = 13   6 + ☐ = 15
7 + ☐ = 12   5 + ☐ = 13
8 + ☐ = 17   4 + ☐ = 11
9 + ☐ = 18   9 + ☐ = 15
7 + ☐ = 13   8 + ☐ = 14

第6天

自我评价：    用时：_____

四、加法推算

一步推算——求部分（二）

 算一算。（7分钟完成）

8 + ☐ = 17　　8 + ☐ = 13

7 + ☐ = 14　　9 + ☐ = 17

6 + ☐ = 15　　7 + ☐ = 16

5 + ☐ = 11　　5 + ☐ = 14

4 + ☐ = 11　　8 + ☐ = 12

7 + ☐ = 15　　9 + ☐ = 15

8 + ☐ = 14　　6 + ☐ = 13

9 + ☐ = 18　　5 + ☐ = 13

6 + ☐ = 14　　8 + ☐ = 11

5 + ☐ = 12　　9 + ☐ = 14

8 + ☐ = 15　　7 + ☐ = 13

9 + ☐ = 16　　4 + ☐ = 12

第 7 天

四、加法推算

一步推算——求部分（三）

 算一算。（7分钟完成）

2 + ☐ = 11	8 + ☐ = 14
8 + ☐ = 17	7 + ☐ = 16
6 + ☐ = 12	6 + ☐ = 11
5 + ☐ = 11	5 + ☐ = 14
3 + ☐ = 12	4 + ☐ = 12
4 + ☐ = 11	7 + ☐ = 12
7 + ☐ = 13	9 + ☐ = 18
8 + ☐ = 16	6 + ☐ = 13
9 + ☐ = 16	8 + ☐ = 11
8 + ☐ = 13	9 + ☐ = 17
7 + ☐ = 11	7 + ☐ = 14

第 8 天

自我评价： 用时：_____

四、加法推算

一步推算——求部分（四）

1 看一看，想一想。

☐ + 9 = 13

方法一：分解式

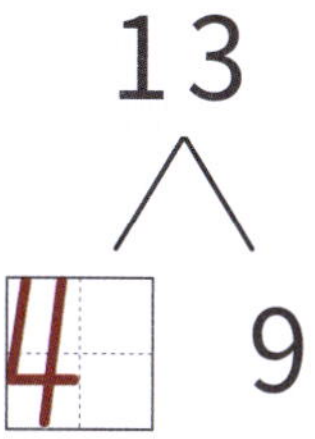

```
   13
   /\
  4  9
```

方法二：凑十法

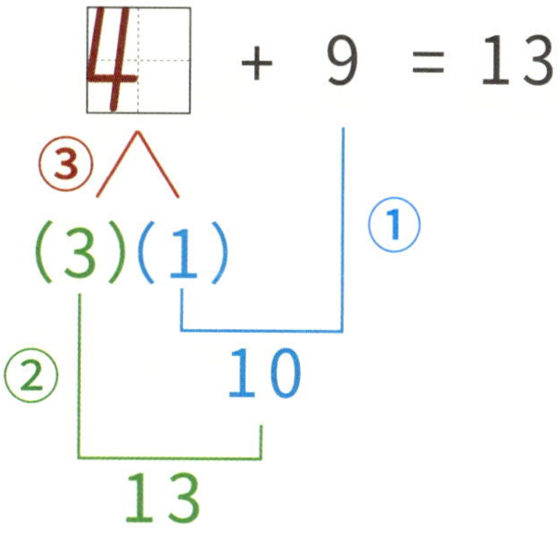

4 + 9 = 13
③ /\ ①
(3)(1)
②   10
   13

方法三：总数和部分关系

总数 — 部分 = 另一部分

13 − 9 = 4

所以 4 + 9 = 13

第 9 天

四、加法推算

2 算一算。（7分钟完成）

☐ + 8 = 16   ☐ + 7 = 13
☐ + 9 = 18   ☐ + 8 = 13
☐ + 8 = 15   ☐ + 9 = 16
☐ + 7 = 12   ☐ + 6 = 14
☐ + 4 = 11   ☐ + 5 = 12
☐ + 6 = 12   ☐ + 8 = 12
☐ + 3 = 11   ☐ + 9 = 15
☐ + 9 = 17   ☐ + 7 = 14
☐ + 7 = 11   ☐ + 8 = 11
☐ + 5 = 11   ☐ + 6 = 15
☐ + 6 = 13   ☐ + 9 = 14
☐ + 8 = 14   ☐ + 8 = 17

第 9 天

自我评价：    用时：_____

四、加法推算

一步推算——求部分（五）

 算一算。（7分钟完成）

☐ + 7 = 11　　　☐ + 9 = 17

☐ + 6 = 15　　　☐ + 8 = 14

☐ + 5 = 14　　　☐ + 7 = 13

☐ + 3 = 11　　　☐ + 6 = 13

☐ + 4 = 12　　　☐ + 5 = 12

☐ + 7 = 12　　　☐ + 4 = 11

☐ + 8 = 16　　　☐ + 6 = 11

☐ + 9 = 18　　　☐ + 7 = 14

☐ + 5 = 13　　　☐ + 8 = 13

☐ + 6 = 14　　　☐ + 6 = 12

☐ + 4 = 13　　　☐ + 5 = 11

☐ + 8 = 15　　　☐ + 9 = 16

第 10 天

自我评价：   　　用时：_____

四、加法推算

一步推算——求部分（六）

 算一算。（7分钟完成）

第 11 天

☐ + 9 = 18   ☐ + 8 = 17
☐ + 2 = 11   ☐ + 6 = 14
☐ + 8 = 16   ☐ + 5 = 14
☐ + 6 = 11   ☐ + 7 = 12
☐ + 3 = 12   ☐ + 6 = 13
☐ + 4 = 11   ☐ + 5 = 13
☐ + 8 = 15   ☐ + 5 = 11
☐ + 7 = 11   ☐ + 7 = 14
☐ + 5 = 12   ☐ + 4 = 12
☐ + 3 = 11   ☐ + 7 = 13
☐ + 9 = 11   ☐ + 7 = 16
☐ + 6 = 12   ☐ + 9 = 12

自我评价：   用时：_____

___月___日

四、加法推算

一步加法推算综合复习

 算一算。（10分钟完成）

☐ + 8 = 11   8 + ☐ = 12   ☐ + 5 = 13

☐ + 6 = 14   ☐ + 6 = 13   8 + ☐ = 14

7 + ☐ = 12   ☐ + 9 = 17   ☐ + 6 = 11

☐ + 8 = 13   7 + ☐ = 11   4 + ☐ = 11

9 + ☐ = 11   7 + ☐ = 14   ☐ + 7 = 13

3 + ☐ = 12   9 + ☐ = 15   ☐ + 9 = 12

4 + ☐ = 12   5 + ☐ = 12   ☐ + 9 = 14

☐ + 3 = 11   ☐ + 4 = 13   ☐ + 7 = 15

2 + ☐ = 11   ☐ + 9 = 18   8 + ☐ = 16

6 + ☐ = 12   ☐ + 5 = 11   ☐ + 8 = 17

第12天

四、加法推算

___月 ___日

连加推算——求部分（一）

 看一看，想一想。

$$8 + 3 + \square = 13$$

步骤一：先算已知部分

$$8 + 3 + \square = 13 \;\Rightarrow\; 11 + \square = 13$$

（$8+3=11$）

步骤二：分解式或总数和部分关系

分解式

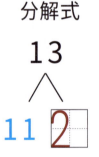

总数和部分关系

$$13 - 11 = 2$$

所以 $8 + 3 + 2 = 13$

四、加法推算

2 算一算。（7分钟完成）

2 + 9 + ☐ = 13	3 + 5 + ☐ = 12
8 + 7 + ☐ = 18	4 + 7 + ☐ = 15
6 + 6 + ☐ = 16	9 + 6 + ☐ = 18
5 + 6 + ☐ = 12	7 + 5 + ☐ = 16
4 + 8 + ☐ = 16	9 + 5 + ☐ = 17
7 + 6 + ☐ = 18	6 + 5 + ☐ = 19
7 + 7 + ☐ = 19	9 + 4 + ☐ = 20
5 + 8 + ☐ = 16	8 + 1 + ☐ = 14
3 + 9 + ☐ = 14	9 + 3 + ☐ = 19
8 + 4 + ☐ = 17	4 + 9 + ☐ = 17
6 + 9 + ☐ = 19	3 + 8 + ☐ = 15
8 + 3 + ☐ = 12	6 + 9 + ☐ = 17

第 13 天

自我评价：   用时：_____

四、加法推算

连加推算——求部分（二）

1 看一看，想一想。

$$3 + \square + 9 = 17$$

步骤一：先算已知部分

$$3 + \square + 9 = 17 \longrightarrow 12 + \square = 17$$

12

步骤二：分解式或总数和部分关系

分解式 | 总数和部分关系

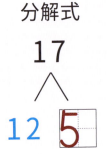

$$17 - 12 = 5$$

所以 $3 + 5 + 9 = 17$

四、加法推算

 2 算一算。（7分钟完成）

3 + ☐ + 2 = 14   2 + ☐ + 2 = 13
4 + ☐ + 7 = 14   5 + ☐ + 4 = 16
8 + ☐ + 8 = 17   6 + ☐ + 3 = 18
6 + ☐ + 6 = 13   7 + ☐ + 3 = 17
5 + ☐ + 5 = 14   5 + ☐ + 3 = 15
3 + ☐ + 3 = 14   3 + ☐ + 1 = 12
7 + ☐ + 4 = 17   4 + ☐ + 2 = 14
8 + ☐ + 9 = 18   6 + ☐ + 4 = 16
6 + ☐ + 5 = 13   9 + ☐ + 2 = 19
5 + ☐ + 2 = 15   6 + ☐ + 3 = 14
8 + ☐ + 7 = 16   7 + ☐ + 5 = 19
8 + ☐ + 1 = 14   6 + ☐ + 4 = 15

第14天

自我评价：  用时：_____

四、加法推算

连加推算——求部分（三）

1 看一看，想一想。

$$\square + 3 + 6 = 12$$

步骤一：先算已知部分

$$\square + 3 + 6 = 12 \longrightarrow \square + 9 = 12$$

（3 + 6 = 9）

步骤二：分解式或总数和部分关系

分解式

总数和部分关系

$$12 - 9 = 3$$

所以 $3 + 3 + 6 = 12$

四、加法推算

2 算一算。（7分钟完成）

☐ + 2 + 3 = 14　　☐ + 2 + 4 = 12
☐ + 3 + 3 = 12　　☐ + 8 + 9 = 18
☐ + 8 + 9 = 20　　☐ + 6 + 9 = 20
☐ + 3 + 5 = 15　　☐ + 5 + 4 = 17
☐ + 3 + 4 = 16　　☐ + 4 + 8 = 14
☐ + 1 + 8 = 17　　☐ + 3 + 9 = 17
☐ + 3 + 4 = 15　　☐ + 2 + 2 = 13
☐ + 7 + 5 = 16　　☐ + 1 + 2 = 11
☐ + 2 + 6 = 17　　☐ + 7 + 6 = 15
☐ + 2 + 2 = 12　　☐ + 8 + 9 = 19
☐ + 6 + 1 = 16　　☐ + 8 + 2 = 17
☐ + 4 + 3 = 13　　☐ + 8 + 6 = 17

第15天

自我评价： 用时：_____

五、减法推算

一步推算——求总数（一）

1 看一看，想一想。

$$\square - 7 = 6$$

方法一：分解式

方法二：总数和部分关系

部分 ＋ 另一部分 ＝ 总数

$$6 + 7 = 13$$

所以 $13 - 7 = 6$

五、减法推算

2 算一算。（7分钟完成）

☐ − 5 = 6   ☐ − 4 = 9
☐ − 2 = 9   ☐ − 8 = 4
☐ − 5 = 8   ☐ − 5 = 9
☐ − 7 = 8   ☐ − 8 = 5
☐ − 8 = 6   ☐ − 8 = 8
☐ − 4 = 7   ☐ − 7 = 9
☐ − 3 = 8   ☐ − 7 = 6
☐ − 8 = 7   ☐ − 9 = 5
☐ − 9 = 3   ☐ − 7 = 7
☐ − 4 = 8   ☐ − 9 = 4
☐ − 5 = 15   ☐ − 7 = 13

自我评价： 用时：_____

___月 ___日

五、减法推算

一步推算——求总数（二）

 算一算。（7分钟完成）

☐ − 9 = 9   ☐ − 6 = 7

☐ − 8 = 8   ☐ − 5 = 6

☐ − 9 = 8   ☐ − 4 = 7

☐ − 3 = 9   ☐ − 8 = 6

☐ − 5 = 9   ☐ − 4 = 8

☐ − 9 = 7   ☐ − 9 = 6

☐ − 5 = 8   ☐ − 6 = 8

☐ − 8 = 7   ☐ − 5 = 7

☐ − 4 = 9   ☐ − 6 = 5

☐ − 6 = 9   ☐ − 9 = 5

☐ − 3 = 8   ☐ − 7 = 7

☐ − 2 = 9   ☐ − 8 = 5

自我评价： 用时：_____

五、减法推算

一步推算——求总数（三）

 算一算。（7分钟完成）

☐ − 6 = 5   ☐ − 5 = 8

☐ − 2 = 9   ☐ − 8 = 4

☐ − 9 = 3   ☐ − 8 = 6

☐ − 7 = 8   ☐ − 8 = 5

☐ − 6 = 8   ☐ − 8 = 8

☐ − 4 = 7   ☐ − 9 = 7

☐ − 8 = 3   ☐ − 9 = 6

☐ − 8 = 7   ☐ − 5 = 9

☐ − 3 = 9   ☐ − 7 = 7

☐ − 4 = 8   ☐ − 9 = 4

☐ − 6 = 14   ☐ − 3 = 17

第18天

自我评价：   用时：_____

五、减法推算

一步推算——求部分（一）

看一看，想一想。

$$12 - \boxed{} = 9$$

方法一：分解式

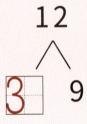

方法二：总数和部分关系

总数 — 部分 = 另一部分

$$12 - 9 = \boxed{3}$$

所以 $12 - \boxed{3} = 9$

五、减法推算

2 算一算。（7分钟完成）

11 − ☐ = 9   11 − ☐ = 5
13 − ☐ = 4   13 − ☐ = 6
15 − ☐ = 8   17 − ☐ = 9
17 − ☐ = 8   14 − ☐ = 7
18 − ☐ = 9   15 − ☐ = 6
11 − ☐ = 8   11 − ☐ = 4
12 − ☐ = 3   12 − ☐ = 4
13 − ☐ = 5   13 − ☐ = 7
11 − ☐ = 7   14 − ☐ = 6
14 − ☐ = 5   15 − ☐ = 9
15 − ☐ = 7   11 − ☐ = 3
11 − ☐ = 6   12 − ☐ = 5

第19天

自我评价：    用时：_____

一步推算——求部分（二）

 算一算。（7分钟完成）

12 − ☐ = 3					11 − ☐ = 3
13 − ☐ = 9					13 − ☐ = 8
11 − ☐ = 4					14 − ☐ = 7
14 − ☐ = 8					11 − ☐ = 7
17 − ☐ = 8					11 − ☐ = 5
18 − ☐ = 9					15 − ☐ = 8
11 − ☐ = 9					13 − ☐ = 7
17 − ☐ = 9					14 − ☐ = 6
11 − ☐ = 8					16 − ☐ = 9
12 − ☐ = 4					15 − ☐ = 7
14 − ☐ = 9					11 − ☐ = 6
15 − ☐ = 6					12 − ☐ = 5

五、减法推算

一步推算——求部分（三）

 算一算。（7分钟完成）

11 − □ = 9   14 − □ = 9
12 − □ = 8   11 − □ = 7
14 − □ = 7   12 − □ = 6
15 − □ = 6   13 − □ = 6
17 − □ = 8   16 − □ = 8
16 − □ = 7   14 − □ = 5
12 − □ = 9   13 − □ = 7
13 − □ = 4   11 − □ = 6
11 − □ = 8   12 − □ = 5
12 − □ = 7   11 − □ = 5
13 − □ = 5   12 − □ = 4
14 − □ = 8   13 − □ = 8

第 21 天

自我评价： 用时：_____

练习

算一算。（7分钟完成）

☐ − 4 = 16
16 − ☐ = 8
14 − ☐ = 9
☐ − 4 = 7
☐ − 7 = 9
☐ − 6 = 5
17 − ☐ = 8
11 − ☐ = 2
☐ − 9 = 7
14 − ☐ = 8
12 − ☐ = 8
15 − ☐ = 7

☐ − 2 = 9
☐ − 9 = 11
14 − ☐ = 7
☐ − 9 = 5
20 − ☐ = 17
11 − ☐ = 3
12 − ☐ = 3
20 − ☐ = 14
15 − ☐ = 9
☐ − 5 = 6
13 − ☐ = 4
☐ − 8 = 12
☐ − 8 = 6

☐ − 7 = 5
☐ − 6 = 7
20 − ☐ = 18
20 − ☐ = 13
13 − ☐ = 5
12 − ☐ = 4
13 − ☐ = 9
12 − ☐ = 9
13 − ☐ = 6
☐ − 3 = 8
☐ − 5 = 13
☐ − 5 = 8

___月 ___日

五、减法推算

连减推算——求部分（一）

1 看一看，想一想。

$$12 - 4 - \boxed{} = 6$$

步骤一：先算已知部分

$$\underbrace{12 - 4}_{8} - \boxed{} = 6 \longrightarrow 8 - \boxed{} = 6$$

步骤二：分解式或总数和部分关系

分解式

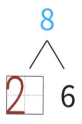

总数和部分关系

$$8 - 6 = \boxed{2}$$

所以 $12 - 4 - \boxed{2} = 6$

第23天

五、减法推算

___月 ___日

2 算一算。（7分钟完成）

$11 - 2 - \square = 5$	$11 - 3 - \square = 4$
$12 - 3 - \square = 4$	$18 - 5 - \square = 9$
$17 - 4 - \square = 9$	$19 - 8 - \square = 3$
$16 - 1 - \square = 6$	$16 - 7 - \square = 4$
$18 - 6 - \square = 6$	$15 - 6 - \square = 1$
$19 - 8 - \square = 2$	$15 - 8 - \square = 6$
$20 - 8 - \square = 8$	$19 - 7 - \square = 7$
$14 - 7 - \square = 3$	$18 - 4 - \square = 8$
$15 - 3 - \square = 8$	$17 - 8 - \square = 3$
$16 - 4 - \square = 5$	$16 - 7 - \square = 6$
$18 - 4 - \square = 7$	$11 - 5 - \square = 3$
$19 - 5 - \square = 9$	$12 - 4 - \square = 7$

自我评价：   　　用时：_____

五、减法推算

连减推算——求部分（二）

 看一看，想一想。

$$16 - \square - 4 = 9$$

步骤一：先算已知部分

$$16 - \square - 4 = 9 \rightarrow 12 - \square = 9$$

（16 − 4 = 12）

步骤二：分解式或总数和部分关系

分解式

总数和部分关系

$$12 - 9 = 3$$

所以 $16 - 3 - 4 = 9$

第24天

五、减法推算

2 算一算。（7分钟完成）

16 − ☐ − 7 = 7	17 − ☐ − 6 = 6
15 − ☐ − 8 = 4	16 − ☐ − 7 = 6
11 − ☐ − 1 = 2	11 − ☐ − 6 = 2
14 − ☐ − 6 = 1	12 − ☐ − 3 = 2
13 − ☐ − 7 = 2	14 − ☐ − 2 = 6
12 − ☐ − 1 = 3	13 − ☐ − 3 = 2
11 − ☐ − 2 = 4	11 − ☐ − 3 = 2
18 − ☐ − 5 = 4	17 − ☐ − 9 = 4
19 − ☐ − 2 = 9	12 − ☐ − 9 = 2
17 − ☐ − 8 = 4	13 − ☐ − 7 = 4
16 − ☐ − 3 = 5	14 − ☐ − 6 = 6
15 − ☐ − 8 = 3	19 − ☐ − 9 = 5

自我评价： 用时：_____

___月 ___日

五、减法推算

连减推算——求总数

 看一看，想一想。

$$\square - 2 - 9 = 4$$

步骤一：先算已知部分

$$\square - 2 - 9 = 4 \quad \Rightarrow \quad \square - 11 = 4$$

（2 和 9 合起来是 11）

步骤二：分解式或总数和部分关系

分解式

11　4
　＼／
　15

总数和部分关系

$$11 + 4 = 15$$

所以 $15 - 2 - 9 = 4$

第25天

五、减法推算

___月___日

2 算一算。（7分钟完成）

□ − 2 − 3 = 9	□ − 2 − 3 = 6
□ − 4 − 5 = 8	□ − 4 − 1 = 7
□ − 4 − 4 = 7	□ − 2 − 8 = 9
□ − 2 − 7 = 5	□ − 5 − 6 = 2
□ − 7 − 2 = 6	□ − 8 − 9 = 1
□ − 3 − 2 = 8	□ − 7 − 7 = 2
□ − 4 − 5 = 4	□ − 8 − 3 = 5
□ − 6 − 1 = 9	□ − 2 − 4 = 9
□ − 5 − 2 = 8	□ − 8 − 8 = 3
□ − 4 − 3 = 6	□ − 5 − 2 = 7
□ − 5 − 1 = 7	□ − 4 − 5 = 5
□ − 4 − 5 = 7	□ − 8 − 1 = 9

自我评价： 用时：_____

六、巧算

加法巧算——搭桥凑十法（一）

1 看一看，写一写。

示例：

$$9 + 6 + 1 = 16$$

（9和1凑成10）

技巧：9和1凑成10，搭个小桥先凑10。

$$8 + 7 + 2 = \square$$

$$7 + 8 + 3 = \square$$

$$5 + 8 + 5 = \square$$

$$6 + 9 + 4 = \square$$

学习指引：
遇到连加计算，先观察算式中数与数之间的关系特征，找到能够凑成整十的数对，可以使运算更简便。

六、巧算

2 算一算。（6分钟完成）

9 + 7 + 1 = 　　　9 + 12 + 1 =

9 + 8 + 1 = 　　　8 + 14 + 2 =

8 + 9 + 2 = 　　　8 + 13 + 2 =

5 + 7 + 5 = 　　　5 + 16 + 5 =

7 + 8 + 3 = 　　　7 + 14 + 3 =

6 + 7 + 4 = 　　　4 + 18 + 6 =

5 + 9 + 5 = 　　　6 + 18 + 4 =

7 + 6 + 3 = 　　　5 + 19 + 5 =

4 + 8 + 6 = 　　　5 + 18 + 5 =

9 + 5 + 1 = 　　　7 + 16 + 3 =

自我评价： 　　用时：_____

六、巧算

加法巧算——搭桥凑十法（二）

 看一看，写一写。

示例：

$$8 + \overset{\overset{10}{\frown}}{5 + 5} = \boxed{18}$$

技巧：5和5凑成10，搭个小桥先凑10。

$$9 + \overset{\overset{(\ )}{\frown}}{8 + 2} = \boxed{} \qquad 7 + \overset{\overset{(\ )}{\frown}}{4 + 6} = \boxed{}$$

$$3 + \overset{\overset{(\ )}{\frown}}{9 + 1} = \boxed{} \qquad 5 + \overset{\overset{(\ )}{\frown}}{7 + 3} = \boxed{}$$

第27天

六、巧算

2 算一算。（5分钟完成）

9 + 5 + 5 = 19 + 5 + 5 =

8 + 4 + 6 = 17 + 6 + 4 =

6 + 5 + 5 = 18 + 7 + 3 =

5 + 9 + 1 = 17 + 9 + 1 =

4 + 9 + 1 = 16 + 8 + 2 =

9 + 7 + 3 = 15 + 7 + 3 =

7 + 8 + 2 = 13 + 9 + 1 =

6 + 9 + 1 = 14 + 7 + 3 =

9 + 6 + 4 = 17 + 8 + 2 =

8 + 7 + 3 = 19 + 7 + 3 =

自我评价：   用时：_____

六、巧算

加法巧算——拆数凑十法

 看一看，写一写。

示例：

$9 + 8 + 3 = 20$

$7 + 9 + 4 = \square$

$7 + 8 + 5 = \square$

$9 + 9 + 7 + 5 = \square$ $7 + 8 + 9 + 6 = \square$

第 28 天

六、巧算

2 算一算。（6分钟完成）

8 + 8 + 4 = ☐   9 + 9 + 2 = ☐

9 + 9 + 8 + 4 = ☐   9 + 9 + 9 + 3 = ☐

（选做）19 + 18 + 17 + 6 = ☐

自我评价：

六、巧算

减法巧算——隔山打牛法

 看一看，写一写。

示例：

$$11 - 8 - 1 = 2$$ （上方标注 10）

$$12 - 6 - 2 = \square$$ （上方标注 （ ））

$$11 - 4 - 1 = \square$$ （上方标注 （ ））

$$13 - 7 - 3 = \square$$ （上方标注 （ ））

$$14 - 8 - 4 = \square$$ （上方标注 （ ））

六、巧算

___月___日

2 算一算。（6分钟完成）

12 - 7 - 2 =   17 - 8 - 7 =

15 - 9 - 5 =   16 - 9 - 6 =

18 - 9 - 8 =   15 - 8 - 5 =

11 - 7 - 1 =   13 - 6 - 3 =

13 - 9 - 3 =   17 - 9 - 7 =

11 - 6 - 1 =   11 - 9 - 1 =

14 - 9 - 4 =   14 - 9 - 4 =

13 - 8 - 3 =   13 - 5 - 3 =

11 - 5 - 1 =   12 - 9 - 2 =

自我评价：   用时：_____

六、巧算

减法巧算——打包凑十法

 看一看，写一写。

示例：

$$11 \overset{-10}{\overbrace{-8-2}} = 1$$

$$15\overset{(\ )}{\overbrace{-6-4}}=\square \qquad 11\overset{(\ )}{\overbrace{-7-3}}=\square$$

$$13\overset{(\ )}{\overbrace{-2-8}}=\square \qquad 12\overset{(\ )}{\overbrace{-5-5}}=\square$$

第30天

六、巧算

2 算一算。（6分钟完成）

17 − 9 − 1 = 　　14 − 7 − 3 =

16 − 8 − 2 = 　　17 − 8 − 2 =

13 − 5 − 5 = 　　13 − 9 − 1 =

14 − 5 − 5 = 　　16 − 9 − 1 =

15 − 7 − 3 = 　　15 − 9 − 1 =

11 − 6 − 4 = 　　14 − 8 − 2 =

15 − 8 − 2 = 　　18 − 9 − 1 =

13 − 6 − 4 = 　　16 − 7 − 3 =

12 − 4 − 6 = 　　11 − 5 − 5 =

自我评价：   　　用时：_____

练习（一）

 算一算。（6分钟完成）

11 − 8 − 1 = ☐   11 − 5 − 5 = ☐

12 − 7 − 2 = ☐   13 − 6 − 4 = ☐

13 − 9 − 3 = ☐   12 − 7 − 3 = ☐

11 − 6 − 1 = ☐   14 − 5 − 5 = ☐

12 − 6 − 2 = ☐   11 − 6 − 4 = ☐

14 − 9 − 4 = ☐   13 − 8 − 2 = ☐

11 − 7 − 1 = ☐   12 − 9 − 1 = ☐

练习（二）

 算一算。（6分钟完成）

9 + 5 + 5 =

6 + 9 + 4 =

5 + 8 + 5 =

6 + 8 + 4 =

7 + 9 + 3 =

4 + 9 + 1 =

8 + 4 + 6 =

8 + 5 + 5 =

7 + 6 + 4 =

15 − 9 − 5 =

11 − 7 − 1 =

13 − 9 − 3 =

12 − 6 − 4 =

14 − 9 − 4 =

11 − 8 − 2 =

12 − 7 − 3 =

11 − 7 − 3 =

21 − 8 − 1 =

9 + 8 + 7 + 6 + 1 + 2 + 3 + 4 =

自我评价：

七、综合测试

（一）

（30 分钟完成 满分：100 分）

1 算一算。（18分）

3+4+7=	15−2−6=	8+4−7=
8+4+3=	14−6−3=	6+5−3=
6+5+1=	11−2−7=	15−9+3=
9+9+1=	18−6−9=	9+2−8=
6+6+2=	11−3−6=	5−3+9=
8+9+3=	13−2−8=	8+9−3=

2 下面每组算式卡片的得数相同，你能填出被遮挡的数吗？写一写。（48分）

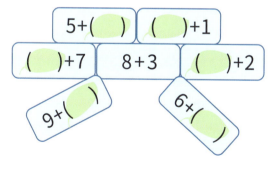

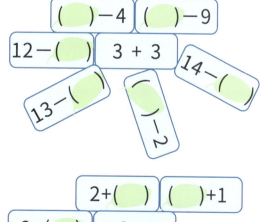

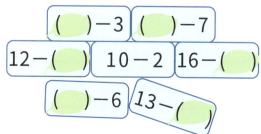

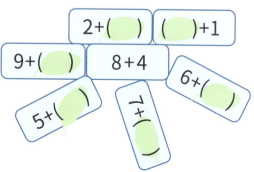

___月 ___日

 3 请你在 □ 里填上正确的数吧！（16分）

$3 + 6 + \square = 17$ $8 + \square + 1 = 12$

$8 + 9 + \square = 20$ $\square + 4 + 3 = 12$

$14 - 2 - \square = 6$ $12 - \square - 6 = 3$

$18 - 4 - \square = 7$ $\square - 4 - 3 = 9$

 4 请你快速算出结果吧！（18分）

$11 - 9 - 1 = \square$ $9 + 9 + 2 = \square$

$15 - 8 - 2 = \square$ $8 + 9 + 3 = \square$

$21 - 9 - 1 = \square$ $9 + 8 + 1 + 2 = \square$

自我评价：   用时：_____

七、综合测试

（二）

（30 分钟完成 满分：100 分）

1 涂一涂。（12分）

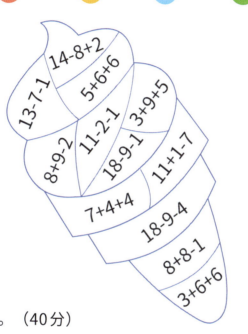

2 想一想，算一算。（40分）

8 + ☐ = 17	☐ + 6 = 12	17 − ☐ = 9	☐ − 7 = 5
7 + ☐ = 14	☐ + 3 = 11	18 − ☐ = 9	☐ − 8 = 5
6 + ☐ = 15	☐ + 6 = 11	11 − ☐ = 9	☐ − 4 = 7
7 + ☐ = 15	☐ + 8 = 16	16 − ☐ = 8	☐ − 6 = 8
4 + ☐ = 13	☐ + 9 = 18	11 − ☐ = 4	☐ − 7 = 7

算式框中含：13-7-1、14-8+2、5+6+6、3+9+5、8+9-2、11-2-1、18-9-1、11+1-7、7+4+4、18-9-4、8+8-1、3+6+6

颜色标记：5(红)、8(黄)、15(蓝)、17(绿)

第 34 天

___月 ___日

七、综合测试

3 填一填。（24分）

$3 + 5 + \square = 17$　　$\square + 3 + 2 = 17$　　$\square - 3 - 8 = 6$

$8 + \square + 5 = 20$　　$7 + \square + 3 = 19$　　$17 - \square - 4 = 8$

$\square + 5 + 9 = 17$　　$18 - 9 - \square = 5$　　$18 - 9 - \square = 7$

$8 + 9 + \square = 20$　　$\square - 7 - 7 = 1$　　$11 - 2 - \square = 4$

4 请你快速算出结果吧！（24分）

$11 - 7 - 3 = \square$　　　　　$12 - 9 - 2 = \square$

$8 + 8 + 4 = \square$　　　　　$9 + 9 + 1 = \square$

$8 + 9 + 7 + 1 + 2 + 3 = \square$　（8分）

自我评价：   　　用时：_____

（三）

（30分钟完成 满分：100分）

1 连一连。（12分）

18－7－8 •	• 8
11+2－5 •	• 3
8+9+2 •	• 9
17－1－7 •	• 19
8+5+3 •	• 2
11－4－5 •	• 16

8+8－7 •	• 11
2+3+6 •	• 9
11－3+6 •	• 10
12－6+3 •	• 14
14－8+2 •	• 8
15+3－8 •	• 9

2 请你帮助毛毛虫在树叶上写出正确的数吧！（32分）

18 － 🍃 =9　　🍃 －6 =7　　🍃 +7 =16　　11 － 🍃 =9

🍃 +7 =13　　🍃 +9 =18　　8+ 🍃 =17　　🍃 －3 =8

🍃 －5 =14　　6+ 🍃 =14　　🍃 +4 =13　　20 － 🍃 =13

6+ 🍃 =15　　13 － 🍃 =4　　🍃 －8 =9　　🍃 +17 =20

3. 请你在苹果上写出正确的数吧！（24分）

18 − 🍎 − 6 = 8　　　15 − 7 − 🍎 = 2　　　🍎 − 6 − 5 = 6

🍎 − 2 − 8 = 4　　　8 + 8 + 🍎 = 18　　　12 − 🍎 − 4 = 4

11 + 2 + 🍎 = 18　　🍎 + 7 + 8 = 18　　　8 + 🍎 + 1 = 18

6 + 🍎 + 5 = 18　　　🍎 − 6 − 5 = 7　　　🍎 + 7 + 6 = 20

4. 请你快速算出结果吧！（24分）

11 − 8 − 1 =　　　　　　　　9 + 8 + 1 =

12 − 7 − 3 =　　　　　　　　9 + 9 + 8 + 4 =

11 − 8 − 2 =　　　　　　　　9 + 8 + 7 + 3 + 2 + 1 =

5. 请算出结果吧！（8分）

9 + 8 + 7 + 6 + 1 + 2 + 3 =

自我评价：　　　　用时：_____

八、拼图游戏

剪裁卡片,开启神秘之旅!

重组卡片，召唤神秘惊喜！

九、成长记录

日期	用时	收获

日期	用时	收获

九、成长记录

十、答案

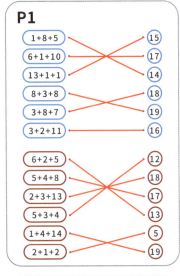

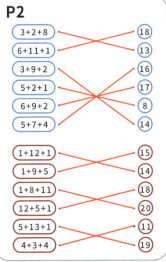

P3

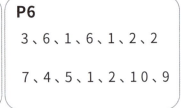

P4

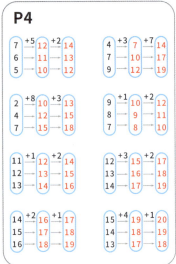

P5

3、1、2、1、4、1、1

1、1、2、1、2、2、4

P6

3、6、1、6、1、2、2

7、4、5、1、2、10、9

P7

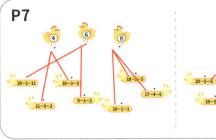

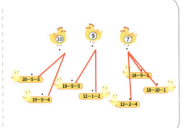

P8

3、5
5、6
7、4
3、9
1、1
3、14
5、13
10、10
11、7
6、10

P9

十、答案

P10
12、5、14、17、8、10
18、20、13、16、7、14
12、14、7、15、12、4
8、17、20、10、12、3
15、6、12、5、10、19
14、8、16、20、15、19

P12
8、8
4、7
6、8
8、7
9、7
9、8
6、8
7、9
5、8
9、7
9、6
6、6

P13
9、5
7、8
9、9
6、9
7、4
8、6
6、7
9、8
8、3
7、5
7、6
7、8

P14
9、6
9、9
6、5
6、9
9、8
7、5
6、9
8、7
7、3
5、8
4、7

P16
8、6
9、5
7、7
5、8
7、7
6、4
8、6
8、7
4、3
6、9
7、5
6、9

P17
4、8
9、6
9、6
8、7
8、7
5、7
8、5
9、7
8、5
8、6
9、6
7、7

P18
9、9
9、8
8、9
5、5
9、7
7、8
7、6
4、7
7、8
8、6
2、9
6、3

P19
3、4、8
8、7、6
5、8、5
5、4、7
2、7、6
9、6、3
8、7、5
8、9、8
9、9、8
6、6、9

P21
2、4
3、4
4、3
1、4
4、3
5、8
5、7
3、5
2、7
5、4
4、4
1、2

P23
9、9
3、7
1、9
1、7
4、7
8、8
6、8
1、6
2、8
8、5
1、7
5、5

P25
9、6
6、1
3、5
7、8
9、2
8、5
8、9
4、8
9、2
8、2
9、7
6、3

P27
11、13
11、12
13、14
15、13
14、16
11、16
11、13
15、14
12、14
12、13
20、20

P28
18、13
16、11
17、11
12、14
14、12
16、15
13、14
15、12
13、11
15、14
11、14
11、13

P29
11、13
11、12
12、14
15、13
14、16
11、16
11、15
15、14
12、14
12、13
20、20

P31
2、6
9、7
7、8
9、7
9、9
3、7
9、8
8、6
4、8
9、6
8、8
5、7

十、答案

P32
9、8
4、5
7、7
6、4
9、6
9、7
2、6
8、8
3、7
8、8
5、5
9、7

P33
2、5
4、4
7、6
9、7
9、8
9、9
3、6
9、5
3、7
5、6
8、8
6、5

P34
20
8
5
11
16
11
9
9
16
6
4
8

11
20
7
14
3
8
9
6
6
11
9
20
14

12
13
2
7
8
8
4
3
7
11
18
13

P36
4、4
5、4
4、8
9、5
6、8
9、1
4、5
4、6
4、6
7、3
7、3
5、1

P38
2、5
3、3
8、3
7、7
4、6
8、8
5、6
9、4
8、1
5、2
8、2
4、5

P40
14、11
17、12
15、19
14、13
15、18
13、16
13、16
16、15
15、19
13、14
13、14
16、18

P41
17、18、18、19

P43
19、17、13、15

P42
17、22
18、24
19、23
17、26
18、24
17、28
19、28
16、29
18、28
15、26

P44
19、29
18、27
16、28
15、27
14、26
19、25
17、23
16、24
19、27
18、29

P45-46
20、20、30、30

20、20、30、30、60

P47
4、6、3、2

十、答案

P48
3、2
1、1
1、2
3、4
1、1
4、1
1、1
2、5
5、1

P49
5、1、3、2

P50
7、4
6、7
3、3
4、6
5、5
1、4
5、8
3、6
2、1

P51
2、1
3、3
1、2
4、4
4、1
1、3
3、2

P52
19、1
19、3
18、1
18、2
19、1
14、1
18、2
18、1
17、12
40

P53
(1) 14、7、5
15、5、8
12、2、9
19、3、3
14、2、11
20、3、14

(2)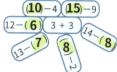

P54
3. 8、3
3、5
6、3
7、16

4. 1、20
5、20
11、20

P55
1.

2. 9、6、8、12
7、8、9、13
9、5、2、11
8、8、8、14
9、9、7、14

P56
3. 9、12、17
7、9、5
3、4、2
3、15、5

4. 1、1
20、19
30

P57
1.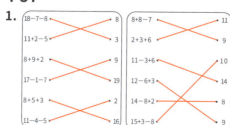

2. 9、13、9、2
6、9、9、11
19、8、9、7
9、9、17、3

P58
3. 4、6、17
14、2、4
5、3、9
7、18、7

4. 2、18
2、30
1、30
36

火花思维培养体系